授業の腕が上がる新法則シリーズ

「音楽」

授業の腕が上がる新法則

監修 **谷 和樹**

編集 **関根朋子・中越正美**

学芸みらい社
GAKUGEI MIRAISHA

刊行のことば

谷　和樹
（玉川大学教職大学院教授）

1　「本人の選択」を必要とする時代へ

　今、不登校の子どもたちは、どれくらいいるのでしょうか。

約16万人[1]

　この数は、令和元年度まで6年間連続で増え続けています。小学校では、144人に1人、中学校では、27人に1人が不登校です。

　学校に行けない原因が子どもたちにあるとばかりは言えません。もちろん、社会環境も変化していますから、学校にだけ責任があるとも言えません。しかし、学校の授業やシステムにも何らかの問題があると思えます。

　以前、アメリカでPBIS（ポジティブな行動介入と支援）というシステムを取り入れている学校を視察しました。印象的だったのは「本人の選択」という考え方が浸透していたことです。その時の子ども本人の心や体の状態によって、できることは違います。それを確認し、あくまでも本人にその時の行動を選ばせるという方法です。

　これと教科の指導とを同じに考えることはできないかも知れません。しかし、「本人の選択」を可能にする学習サービスが世界的に広がり、増え続けていることもまた事実です。例えば「TOSSランド」は子ども用サイトではありませんが、お家の方や子どもたちがご覧になって勉強に役立てることのできるページもたくさんあります。他にも、次のようなものがあります。

①オンラインおうち学校[2]
②Khan Academy[3]
③TOSSランド[4]

　さて、本書ではこうしたニーズにできるだけ答えたいと思いました。

> 激動する社会の変化に対応する教育へのパラダイムシフト〜子どもたち「本人の選択」を保障する考え方、そして幅広い「デジタル読解力」を必須とする考え方を公教育の中で真剣に考える時代が到来しつつあります。

　そこで、教師の「発問・指示」をきちんと示したことはもちろんですが、「他にもこんな選択肢がありますよ」といった内容にもできるだけ触れるようにしています。

2　「デジタルなメディア」を読む力

　PISA2018の結果は、ある意味衝撃的でした。日本の子どもたちの学力はそれほど悪くありません。ところが、「読解力」が前回の2015年の調査に続いて今回はさらに落ちていたのです。本当でしょうか。日本の子どもたちの読解力は世界的にそれほど低いのでしょうか。実は、他のところに原因があったという意見もあります。

> パソコンやタブレット・スマホなどを学習の道具として使っていない。

　これが原因かも知れないというのです。PISAがCBTといってコンピュータを使うタイプのテストだったからです。

　実は、日本の子どもたちはゲームやチャットに費やす時間は世界一です。ところが、その同じ機械を学習のために有効に使っている時間は、OECD諸国で最下位です。もちろん、紙のテキストと鉛筆を使った学習も大切なことは言うまでもありません。しかし、写真、動画、Webページなど、全教科のあらゆる知識をデジタルメディアで読む機会の方が多くなっているのが今の社会です。

　そうした、いわば「デジタル読解力」について、今の学校のカリキュラムは十分に対応しているとは言えません。

　本書の読者のみなさんの中から、そうした問題意識をもち、一緒に研究を進めてくださる方がたくさん出てくださることを心から願っています。

※1　文部科学省初等中等教育局児童生徒課『平成30年度児童生徒の問題行動・不登校等生徒指導上の諸課題に関する調査結果について』令和元年10月　https://www.mext.go.jp/content/1410392.pdf
※2　オンラインおうち学校（https://www.alba-edu.org/20200220onlineschool/）
※3　Khan Academy（https://ja.khanacademy.org/）
※4　TOSSランド（https://land.toss-online.com/）

まえがき

1 STEAM教育〜人間にしか生み出せない世界を作り出す〜

「STEM」教育とは、Science、Technology、Engineering、Mathematicsの頭文字
をつなげて作られた造語で、イノベーションを生み出せる人を増やしていくことを目
的に、科学技術や理数教育を統合・体系化した「教育」のことを指している。

世界各国で導入されている（米国では国家戦略の１つになっている）「STEM教育」だが、
ここにArtを加えた「STEAM教育」が今、注目されている。最先端の知識だけでなく、
Artの要素を入れることで、人間にしか生み出せない世界を作り出すことが「STEAM」
教育のねらいだ。

例えば、Apple。製品の性能はもちろんだが、「STEAM」に視点を移した個人の感
性に訴えかけるデザイン性や芸術性は、ずば抜けてセンスが良い。STEMのみならず
Artも同様に重要であることがわかるだろう。

「STEM」教育に、音楽Artの効能を意図的に取り入れることで、体系・統合といっ
た「ブレンド力」が大きくupすることが考えられる。

作曲、歌う、演奏する等の「音楽とのかかわり」は、言語能力のアップや脳の可塑
性という効果が、科学的に証明されている。

また、青年期の「衝動を抑制する力」が「貧困」や「暴力」に大きくかかわってい
ることがわかってきている。音楽はその「抑制力」を育てるということも、同様に証
明されている。

Artは、人間だけにしか生み出せない世界を作り出す効能を持つ。

2 音楽版「３つの資質・能力の育て方」を満載

本書では、第１部「学び方が変わる・教え方が変わる」、第２部「音楽能力を育て
る音楽授業の基礎基本」、第３部「学びに向かう力・人間性を音楽授業でどう培うか」
を通し、音楽版「３つの資質・能力の育て方」を取り上げた。

第１部では「主体的・対話的で深い学びがある音楽授業」を中心に、音楽を聴き、
友だちと意見を交流し、協働しながらよりよい表現を追究できる授業システムを提案
した。友だちとかかわりながら進める“音楽づくり”は、“ふしづくり授業システム”
が示す集団思考の場を確保することを基本に据えた。指導は、「音→表現→記号」の

ステップで進める。"音楽づくり"は音符や記譜がメイン記譜指導ではない。まず音を聴いて"このメロディはいいな"、"柔らかい音がすてきだな"と感じる気持ちを優先させる。自分の感覚とフィットさせ、わくわく感を引き出し、個々の感覚を重視して進める。

第2部は「知識や技能を育てる音楽授業の基礎・基本」として押さえた。

合同作品作りについて、友だちとの話し合いに参加しても、自信がなければ自分の意見を主張できない。まず、授業の中で個々に自信をつけ、"私はここが好き""私はこう感じる"と意見を主張できる力を身につける。そうでなければ、その先の意見の交流は不可能である。短時間でも、着実に子どもに力がつく、そのような授業展開を提案した。

第3部では、これから現場で予想される授業の可能性を記した。

音の振動（理科）と音楽を組み合わせた授業に、子どもは時間を忘れて取り組んだ。金管楽器は演奏するが「倍音」については全く知らず、グランドピアノの開放弦からかすかに聞こえてくる「倍音」の響きに驚いた。

地域との連携も欠かせない。地元に伝わる伝統芸能や文化は、音楽科が取りあげなければ、徐々に衰退していってしまう。

カリキュラムマネージメントによる教育課程の再編成によって、新しい試みが生まれる。音楽科と他分野との合科的な発想は当然必要になってくる。教科間にとどまらず、学校間、校種間との連携も必要となるだろう。

ICT活用能力をアップさせるためにも、音楽科を通しての情報手段・基本的操作の習得、プログラミング的思考・能力の育成等も期待されている。

音楽科が取り組める可能性について、「学びに向かう力・人間性を音楽授業でどう培うか」として提案した。

新指導要領実施といっても、基本はわくわくした「音」との出会いが基本である。「音」との関わりが心身の機能を改善するということも様々な研究から明らかになっている。「音」との関りが子どもたちにとって楽しく、好奇心・探求心を掻き立てる、本書がそのような授業のヒントになれば幸いである。

編者代表　関根朋子

5

目次

第1部 "学び方"が変わる・"教え方"が変わる ―2020新指導要領の音楽授業

第I章 主体的・対話的で深い学びがある音楽授業

第II章 子どもの音楽能力を育てる音楽づくり

第2部 音楽能力を育てる音楽授業の基礎基本

第Ⅲ章 楽しい活動で授業を始める

第Ⅳ章 子どもの音楽能力を育てる歌唱指導

目次

第Ⅴ章　まねして表現、全員ができるようになる器楽指導

第Ⅵ章　大脳辺縁系を活性化させる鑑賞指導

第3部　学びに向かう力・人間性を音楽授業でどう培うか

用語一覧

T：教師
C：子ども
L：子どものリーダー

第1部

P12　**コーナー学習**：例えば、①歌、②お手合わせ、③指揮、④行進、⑤ダンスと5個所のコーナーを教室内に設ける。子どもは自分がやりたいコーナーを選び、その活動を行う。「子どもが自主的に学習を選択する」ところが、ポイント。

P12〜　**お手合わせ**：2人、あるいは3人以上の友達と向き合い、手と手を合わせたり、手をつないでともに動いたりする活動のこと。

P14〜　**パーツ**：コマをどのように指導するのか、具体的な指導。料理に例えると具体的な調理法、レシピ。

P17　**ハイレゾ**：高性能の音源のこと。ハイレゾスピーカーは、その音を再生できる専用スピーカーを指す。iPadやiPhoneと有線、bluetoothで接続して音を出す。

P21　**スキャット歌い**：「ラララ」「ルルル」「ダバダビダ」「シュビドゥワ」といった歌詞の代わりに意味のない音声で即興的にメロディを歌うこと。

P24〜　**まる譜、〇譜**：〇＝♩として、量で表した譜。
　　　　リズム譜：基本のリズムを表した譜。
　　　　V：4分休符
　　　　コマ：1時間の授業をいくつかの課題で分けること。料理に例えると、メニュー、お品書き。

P43　**追い歌い**：教師が歌ったことをまねして、子どもが続けて同じ部分を歌うこと。短い部分をまねしながら進める。

第2部

P63　**片側感覚**：体の動きの成長順序は、①体の中心がわかること⇒②左右両方一緒に動くこと⇒③左右の同じ側が動くこと（片側感覚）⇒④左右が別々の動きができること⇒⑤左右の動きが体の中心で統合されていること、である。スキップの動きは、左右の動きが調子よく統合されてできる。片足スキップは③片側感覚を促すために有効である。

P65　**裏声拍子（うらごえひょうし）**：裏声でイーーチ、ニーーイ、サーーンと歌っていくこと。語尾まで丁寧に歌う。
　　　　裏声生活（うらごえせいかつ）：我々が普段使っている声は、地声である。それを、普段の生活でも、裏声を使って日常生活を過ごすことを指す。

息を吸い上げる：横崎式発声法の１つ。「しっかりと息を吸い、よい発声で歌える準備ができた状態」にするときに使う言葉かけ。笑顔で、眉毛の外側を持ち上げるようにして歌う。

息を吐き上げる：横崎式発声法の１つ。「吸った息を、ゆっくりやわらかく吐く」時に使う言葉かけ。冬の寒いときに息を吐く時をイメージする。

P69〜　**一拍 (いっぱく) ぶり**：図形を描かず、上下に拍を打ち続けること。

P88　**音取 (おととり)**：新しい曲を演奏する際、音 (旋律) を１つ１つ確認し演奏すること。

P110　**「六段の調」**：八橋検校が作曲した段物と呼ばれる箏曲の１つ。
　　　序破急 (じょはきゅう)：全曲を序・破・急の３部分に分ける。速さの変化のこと。

第３部

P114　**STEAM教育 (すてぃーむきょういく)**：Ⓢcience、Ⓣechnology、Ⓔngineering、Ⓜathematicsの頭文字をつなげて作られた造語で、イノベーションを生み出せる人を増やしていくことを目的に、科学技術や教育を統合・体系化した教育を指す。
　　　さらにⒶrt (芸術) をプラスすることで、人間にしかできないイノベーションが生まれる。最先端の教育の１つ。

P115　**合科的 (ごうかてき)**：音楽科だけでなく、他教科と音楽の組み合わせやコラボなど、組み合わせを変え、新しい発想や考えが生まれる機会を造ること。
　　　カリキュラムマネージメントも同様の意味をもつ。

P122　**課内 (かない) クラブ**：授業時間内に設定され、全員がいずれかのクラブに所属し取り組まなければならない。課外クラブは放課後や早朝、任意の時間に希望する児童生徒が参加する。

P123　**口唱歌 (くちしょうが)**：楽器の演奏方法を歌で表すこと。
　　　例　ドン、カ、カ

P128　**琴柱 (ことじ)**：箏の胴の上に、立てて弦を支え、位置を変えて音の高低を調整するもの。

P131　**勘所 (かんどころ)**：三味線・琵琶などで、一定の音をだすために指先で押さえる弦の一点。

「学び方」「型」を教え、子どもが自分たちで進められる学習 4年

POINT! 50年前にすでに、「主体的・対話的で深い学びのある授業」は行われていた。

集団思考とは「個別思考のある状態」をいう。いろいろな考えに触れることによって、思考内容が相互にゆれたり、変化したりする状態である。思考内容が変化しても、教師から一方的にもたらされたものである限り、集団思考とは言わない。
（「"楽しい国語"授業の法則」向山洋一著　学芸みらい社）

「ふしづくり教育システム」が示す「集団思考の場がある授業」

ステップ❶ 問題を発見　【茶色のこびん】第1時（10分）

Ｔ：どんな感じの曲ですか。（Ｔ：教師）

楽しい！
うきうきする！

はずむ感じ。
皆で合奏したいなぁ。
打楽器や楽器をたくさん
入れて演奏したいわ。

■ コーナー学習

Ｔ：グループで合奏できるよう練習しましょう。

まず、コーナー学習をしながら歌を覚えます。

　①歌を覚える　②お手合わせ　③指揮
　④行進　⑤階名

好きなコーナーから始めます。

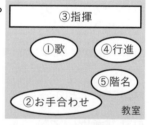
③指揮
①歌　④行進
⑤階名
②お手合わせ
教室

■ グループでの練習方法

第2・3時：「鍵盤ハーモニカ」のコーナーを「コーナー学習」に加え、全員が吹けるようにする。

第4時：「木琴パート」をグループで練習する。

1グループ4人で組み、演奏順（A、B、C、D）を決める。

Ｔ：Aの人、先生の真似をします。（ウン）「ソ」（ウン）「ソ」ハイ！
子ども：（ウン）「ソ」（ウン）「ソ」

T：Bの人に交替！（ウン）「ソ」（ウン）「ソ」ハイ！
子ども：（ウン）「ソ」（ウン）「ソ」

　右の図のように、子どもはグループごと木琴を
囲んで立つ。教師が演奏する短い部分を真似たら、
次の人と交替し、ローテーションする。これを繰
り返す。グループごとに木琴を囲んで階名を歌っ
たり、教えたりしながら、演奏できるようにする。

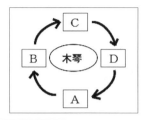

ステップ❷ 問題を追求 【茶色のこびん】第5時（20分）

T：「進め方」に沿って、グループごとに取り組みます。

学習パターン・アンサンブルの工夫 進め方
①グループでどんな楽器を使うか決める。
②一人一人演奏の仕方を工夫する。
③グループごとに発表する。
④代表を選び、その演奏を真似する。

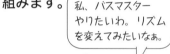

ステップ❸❹ 討論・論争→異なった意見を認める

　グループごとに演奏を任されることにより、個々が思考する。グループ
発表では、意見交換を通し、個々の工夫が全体で共有される。また、自分
たちとは違う表現法を知り、自身の思考が変化する可能性も出てくる。

　代表を選び、その演奏を実際に真似ることで、異なる表現を体感できる。

音楽の授業における主体的・対話的で深い学び

　優れた指導法には優れた「学び方」＝「型」がある。取りあげた「ふし
づくりシステム」も「型」でできている。「型」
に沿って進めれば子どもたちだけで学びが深め
られる。

「型」を学んだ子どもは、やがてその「型」
を使って自分の言葉を発し、友だちと意見を
交わし、討論もするようになる。「学ぶ力」
を子ども自身が身に付けることこそ、真に目指すものである。　（関根朋子）

歌唱指導
曲想を感じ取って歌おう

4年

POINT! 比べて見つけよう。

「ゆかいにあるけば」の楽しさを感じる（10分）

聴いて、歌って感じたことを発表し合おう

T：どんなことを感じましたか？

（T：教師）

・とっても楽しい感じの曲です。
・ウキウキします。
・みんなで楽しく歩いている感じがします。
・はずむところと、なめらかなところがあります。

> **共有・指導のポイント**
> ①曲の特徴「楽しさ」
> ②前半、後半の特徴
> ③スタッカート、レガート

「ゆかいにあるけば」の特徴を生かして歌う（15分）

「ゆかいにあるけば」の楽しさのひみつを見つけよう

パーツ１：スタッカートとレガートで「比べる」

T：前半をなめらかに（レガート）歌ったらどうなるかな？

比べて発見する　もし、スタッカートじゃなかったら？

①前半をレガート唱で歌ってみる。
②感想を聞く。
③スタッカートで歌った時、レガートで歌った
　時に合わせて体を動かしてみる。
④どちらが「ゆかいにあるけば」の楽しさに
　ピッタリするか発表し合う。

> スタッカートの方が元気よく歩きたくなるね！

パーツ２：表現の仕方で「比べる」

色々なスタッカートで歌ってみる　3種類のスタッカートで歌う

T：スタッカートにはいろいろな種類があります。
　　どんなスタッカートがこの曲の楽しさに合っているか試してみましょう。

表現方法を比較して、曲に合った表現を見つけよう

1.スタッカート「ピッ」

「ピッ」「ピッ」「ピッ」……と短く切るようなスタッカートで歩き、歌ってみる。

・なんだか行進みたい。
・楽しく歩けないなぁ。
・キビキビしすぎなんじゃない。

2.スタッカート「ドッ」

「ドッ」「ドッ」「ドッ」……と重ために切るようなスタッカートで歩き、歌ってみる。

・なんだか階段上っているみたい。
・楽しさが少ないよ。
・この曲に合わないなぁ。

3.スタッカート「トン」

「トン」「トン」「トン」……と軽やかに切るようなスタッカートで歩き、歌ってみる。

・このスタッカートがあっているよね。
・楽しさがぴったりだね。

スタッカートの違いを表現する

①教師がピアノ伴奏で特徴を提示していく。

②「ゆかいにあるけば」の「楽しさ」に合っているスタッカートはどれだろう、という視点で考えを引き出し、曲の特徴に合った表現につなげていく。

（横崎剛志）

歌唱指導
互いの声を聴きあって歌おう 〔4年〕

 POINT! 聴くことに集中できれば、意見も言えるようになる！

「ゆかいにあるけば」の楽しさをみつけよう（20分）

後半部分の「変化」を見つけよう

T：後半部分はだんだん「変化」していきます。
　　どんなことが「変化」していきますか。

> ・ mp ⇒ mf ⇒ f と、だんだん音が大きくなっています。
> ・バルデリー、バルデラー……とだんだん音が高くなっています。
> ・長く伸ばす音が増えています。
> ・楽しさが増えてくる感じ。
> ・テンションが上がる感じ。

指導のポイント
①楽譜から「変化」していくことを見つける。
②友達と協力して見つける。

音楽の広がりを感じるように歌おう

T：どんどん楽しさが増えるように歌ってみよう！

〔例〕だんだん手を広げて、弾むところは足踏み

原則：表現するポイントを明確にして練習する
①表現するとき（歌うとき）のポイントが、「聴き合い」のポイントになるので、明確にしていく。
②身体表現と関連させると効果的に表現できるようになる。

バルデリー♪　　　バルデラー♪　　　バルデロー♪　　バルデロホホホホホホー♪

音楽の広がりを聴き合おう

原則：聴くことに集中できるような場をつくる

T：聴き合うポイントは、歌った時と同じです。
　　音楽の「変化」といっしょに楽しさが増えているかな。

1.グループに分かれて聴き合う

・後半に向かってどんどん音が広がってきたよ。
・高い音が良く出ていて、音楽の広がりを感じました。
・Aさんの楽しさが伝わってきたよ。

音楽の広がりはあるかな？
楽しさがふえてくるかな？

2.録音して聴く

お手軽なのはスマートフォンの録音機能。最近はハイレゾで録音できるものもある。その場で、ワイヤレススピーカーに出力して、すぐに聴けるのも実用的。

スピーカーは高音質なものを使いたい。

聴くことに集中する場をつくる

①歌いながら自分たちの演奏を評価すること（ポイントを表現できたか）はとても難しい。

②グループに分けて聴き合ったり、録音して聴いたり、「聴くことに集中できる場」をつくるようにする。

③ポイントに沿って聴き、意見を言えるように育てていきたい。

（横崎剛志）

歌唱指導
毎時間取り組むちょこっとハモリ 全学年

 POINT 低学年でも高学年でも楽しめる「ハーモニー力」づくり。

低学年から毎時間継続して「ハーモニー」感覚を育てていきます。

アイディア❶：輪唱

| 斉唱できっちり歌えるようにする。 | ⇒ | ピアノなしで歌えるようにする。 | ⇒ | 輪唱に挑戦！ |

　うまく輪唱できなくても、何度も歌わせず「次の時間まで発酵させておこう！」とパッと切り替えて次の活動に行くのが大切。

　輪唱は、ハーモニーづくりの第一歩。毎時間１曲を１回輪唱すれば、１年で大きな力をつけることができます。

＜おすすめ輪唱曲＞
・毛むしが三匹
・もしもしかめよ
・一年中の歌
・ゆうやけこやけ
・桃太郎さん
・フレールジャック
・もみじ
・かっこう
・静かな湖畔
・アルプス一万尺
・森のくまさん

　全校で歌う機会に、高学年も交えてみんなで輪唱をすると、低学年が感覚をつかんで、自分たちの力で輪唱できるようになっていきます。

アイディア❷：ウォーミングアップ・ハモリ

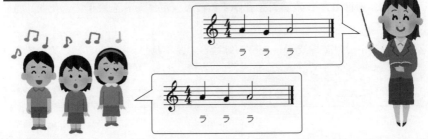

Ｔ：いろいろな高さでまねっこします。

Ｔ：歌えるようになってきたら、メロディ２にも挑戦

Ｔ：２つのメロディを、一緒に歌ってみよう！

　一度でうまくいかなくても、気長に毎時間少しずつ続けると上達していきます。

アイディア❸：最後だけハモリ

「うみ」でハモる

　メロディの上にハモリの音を入れてみました。

「七つの子」でハモる

「こだよ」という歌詞で、アイディア②のメロディと同じ音を歌うので、取り入れやすい方法です。

　続けていると、楽譜にかかれていなくても自然にハモる音を探して合唱に近づいていく集団に育てることができます。

アイディア❹：なんちゃってハモリ

　合唱のお手本ＣＤやインターネット上の音源などに合わせて歌います。ソプラノだけ、アルトだけと、歌う側が単旋律でも、音源がハモって歌っているので、まるで合唱しているかのような楽しさを味わうことができます。

（山内桜子）

合唱指導
子どもたちだけで合唱が仕上がるシステム 4～6年

 練習の仕方を教え、リーダーを配置することで、
子どもだけでもできる。

子どもたちだけで練習を進めるために必要な条件

子どもたちだけで合唱の練習をする。そのために特に必要な条件は、

> 1.子どもが練習の進め方を理解している。
> 2.自分たちの歌っている音が正しいかどうか判断できる。
> 3.正しく歌える子どもが一人以上いる。

の3つであると考える。

1.子どもに練習の進め方を理解させる

①教師が練習の「型」を確定する。

②「型」に沿って練習し、「型」を身につけさせる。

③毎時間少しずつ、「子どもだけ」の練習時間を設定する。

④褒める。励ます。

ことが大切である。「型」はできるだけ早く確定する。しかし、後から変更があり得ることも伝えておく。黄金の三日間で学級の仕組みを作るのと同じことである。

2.音が正しいかどうかを判断する

「ド」より「ソ」は高い音である。

「ドレミ」という節は、段々と音が高くなっている節である。

このような音高の感覚をつかめない子どももいる。そのために、教師が範唱するときに、手で音の高さを示してやり、音高や音の動きを可視化させることが効果的である。また、子ども自身が歌いながら音の高さを手で示すことで、より一層音高、音の動き方を体感し、理解することができるようになる。

3.ナビゲート役がいる

正しく歌える子ども、もしくは模範になる音源があれば良い。

練習の進め方

1.音源に合わせて歌う

　パートごとの音源に合わせて歌ってみる。パートごとの音源がなければ、教師が範唱するなどして概要を示す。この段階で正しく覚える子どもは1人か2人である。この子どもたちがこの後の練習の核になっていく。

2.パートに分かれて練習する

　正しく歌える子ども、またはパートごとの音源を囲んで並ぶ。練習を進めるリーダーは輪番制にする。

①リズム打ち

　歌のリズムを手で叩く。「believe」の「♪たとえば　きみが　傷ついて」の部分ならば、「タタタタ　タタター　タタタタ　ター」となる。

②歌詞のリズム読み

　メロディをつけず、歌詞をリズム読みする。裏声でやると歌声を鍛える練習にもなり、一石二鳥である。

③スキャット歌い

　歌詞の代わりに「ナ」「ロ」などで歌う。(「ナ」は鼻腔共鳴しやすい。「ロ」は声を響かせやすい口の開け方になる。)

④歌詞をつけて歌う

　一度歌った後に、リーダーは次のように問う。(R＝リーダー)

　L：もう一度練習したいところはありますか。

　L：自信のないところはありますか。

ここで上がった箇所を再度練習する。

3.同じ場所に集まって練習する

　初めのうちは「図1」のように並んで歌う。図形は各パート、星マークは正しく歌うことができる子ども（またはパートの音源）である。このときに、各パートから1人ずつ歌声を聞く役を募り、気がついたことを発表させると次の練習につながっていく。

(小林千草)

合奏指導
グループ合奏で育てる、互いに聴き合う力　**4年**

♪ **POINT!** テンポとタイミングをそろえる方法を考えさせて、試す。

　グループ合奏をする前提として、まず、子供たちがその曲の主旋律・副旋律を演奏できるようにしておく。また、教師側が「聴く視点」を子供たちに示し、焦点化しておく。

　例えば、4年生「オーラリー」ならば次のような活動を行なう。

主旋律の音が聴こえるバランスで演奏する

一人一人が吹きたい方を吹いたら、メロディがよく聞こえなかったと思うよ。

上のパートを一人増やした方がいいね。

けんばんハーモニカができる子が、メロディを吹いてみたら、よく聞こえるかもしれないよ。

　リコーダーは息の強さで音量を上げることができないので、人数を変えることでバランスをとる。

　楽器の種類を変えることで、主旋律を際立たせる。

曲の始め方を考えて演奏する

せ〜の!

　子どもたちはこのような合図で演奏を始める事が多い。

Ｔ：声で合図せずに、演奏を始められる工夫ができるかな？

先生がピアノで弾いている前奏みたいなのを入れればいいんだよ。

だれか一人が最初に吹いて、後からみんなで入ればいいと思うよ。

指揮をする人を一人入れよう。

みんながやりやすいのはどれか、試してみよう。

　合奏するためには、テンポとタイミングをそろえることが必要である。今までの音楽経験を生かしてその方法を考え、試してみる。

2回繰り返して演奏する

Ｔ：聴く人に楽しんでもらうために、どのような工夫ができそうですか。

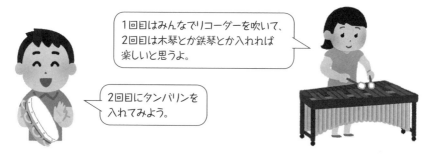

1回目はみんなでリコーダーを吹いて、2回目は木琴とか鉄琴とか入れれば楽しいと思うよ。

2回目にタンバリンを入れてみよう。

　変化をつけるためには、2回目に打楽器を入れてみる、2回目の主旋律の楽器を変えてみるなどの活動が考えられる。

（小室亜紀子）

合奏指導
クラッピングファンタジー第7番をグループで 4年

 POINT! 子どもたちだけで仕上げる合奏システム。

コマ❶ 範奏を聴いて、リコーダーで吹く／10分

T：今までやってきたことを使えば完成できます。
　　みなさんだけで仕上げます。レッツチャレンジ！！

> 習った音ばかり。簡単。

> リズムも簡単。タンとタタタタとターンタだよ。

> え〜？先生教えてくれないの？できるかな……。心配。

> 大丈夫。一緒に練習しよう。ぼくの運指をまねして吹けばいいよ。

子どもたちだけで曲を仕上げるには

①選曲：今までにつけた力で解決ができるもの。

②学び方が身についていること。※

③宣言する：「先生は教えません」

④抜け道を教える：「困ったときは、頼りなさい」

※音⇒表現⇒記号の順で、できるようになることが身についている。
　音：範奏を聴いて、表現：まねして吹いて、
　記号：吹けるようになったところを楽譜で確認する。

> まずは、手拍子でやってみよう。

コマ❷ リズム伴奏ができるようになる／5分
楽譜を見て、リズムを打つ

視奏（リズム譜を見て打つ）にチャレンジ

👏👏👏（リズム打ち：音）と

タンタンタンV（リズム唱）

○○○V（まる譜）と♩♩♩V（リズム譜：記号）

が結びついている。

> 私はカスタネットで打つね。間違わずにできるよ。

コマ❸ パート、楽器を選ぶ／ 10分
自分がやりたいパートを選び、それに合った楽器を選ぶ

主旋律：リコーダー、鍵盤ハーモニカ、木琴等旋律楽器

リズム：拍手、カスタネット、タンブリン、鈴、アゴゴベル、大太鼓、小太鼓 等

ピアノが弾けるから、伴奏は私に任せて‼

旋律楽器

打楽器

楽器の特徴を捉える

〜自分がやりたいパートに合った楽器は？〜

　さまざまな楽器を経験させると、自分にぴたりとくるものがわかる。

・**旋律楽器**では、長い音が保持できるもの（オルガン、鉄琴など）、短く歯切れ良い演奏ができるもの（木琴など）がある。

・**リズム楽器**では、皮を張ったもの、金属でできたもの、木でできたものでそれぞれ感じは変わる。ウッドブロックやアゴゴベルなどは、一つの楽器で音の高低を楽しむことができる特徴を持つ。

　それぞれのおもしろさを体験し、演奏に生かす。

カスタネットの歯切れいい音がいいね。

コマ❹ グループ合奏／ 10分
それぞれの楽器の音の特徴をとらえて合奏する

4〜5人でグループ合奏

　グループ編成も、楽器編成も、すべて子どもに任せる。コマ3での活動を生かし、さまざまな楽器を試しながら最適な楽器編成を話し合う。

　工夫したことを、言葉で言えるようにする。

リコーダーで、Aメロを吹いてね。オルガンでBメロを弾くよ。ファ#の音は、リコーダーで吹くと難しいからね。

子どもたちだけで仕上げる合奏システム

①必要な力個人編：拍に乗る力、読譜力、演奏力。

②必要な力協働編：誰とでもいっしょにできる力。

　誰にでも誠実に対応できる力・頼れる甘えられる力。

③必要な教室環境：さまざまな楽器にいつでも自由に触れられる環境。

（中越正美）

合奏指導
合奏最終調整

6年

POINT! 互いに聴き合ってより良い演奏に高めていく。

❶ 互いの演奏を聴き合って話し合う
クラスを2つのチームに分け演奏を聴き合う

T：お互いの演奏を聴いて、気付いたこと、直したいことを発表しましょう。

感想を出し合う

調整ポイントを子どもから引き出す。

出ない場合は、観点を示し考えさせる。

・主旋律の2つのパートが
少しずれて聴こえました。
・最後がそろっていませんでした。

❷ 指導する部分を確認し調整していく
子どもと意見のやり取りをしながら、各パートを重ねていく

T：パート④の低音楽器だけ演奏しましょう。

初めの6小節だけ演奏する。

T：どうでしたか？

調整を重ねる

木琴のリズムが軽快で、
リズムよく打っていました。

お互いの音を聴き合って演奏し、調整ポイントができていたかどうか振り返らせる。

次はパート③の木琴を低音楽器に重ねてみましょう。

調整ポイント

①各パートの縦と横の関係をそろえる。

②弱起の部分を正しく演奏する。

③各パートの役割を生かして、演奏する。

④主旋律が聴こえるよう音量のバランスを調整する。

⑤曲に合った速さを工夫する。

⑥曲の山を確認する。

⑦曲の出だし・終わりをそろえる。

---

❸ 全体で通して演奏する
曲全体を通して演奏し、曲想豊かな合奏に仕上げていく

1.木琴のリズムにのって、２つの旋律からみ合う面白さ（前半）

T：木琴のリズムは犬ぞりが走る
　　イメージで演奏しましょう。

2.同じように動く２つのメロディのハーモニーの豊かさ（後半）

2つの旋律のハーモニーが
きれいに響くといいな。

3.曲の最後ですべての楽器が同じリズムで
　　　　終わる心地よさ（最後の1小節）

T：指揮者の合図をよく見て、ピタッと
　　止められるといいですね。

最終調整

①2つの旋律のからみ合う面白さ

②同じように動く2つのメロディの美しさ

③終わりの爽快感

以上３つをつかませる。

音を止めた後の
余韻がとっても
気持ちいいね。

❹ 全体で通して演奏する

　合奏が仕上がったら、保護者やお世話になった先生、仲良し学年やペア
学年の子どもたちに聴いてもらう機会を設けるとよい。

　また、発表の様子をタブレット端末等で録画鑑賞すると、より達成感を
味わうことができる。

（前田周子）

創作
リズム問答、ふし問答

1年

♪ POINT! 互いに聴き合う。拍の流れに乗って進める。

活動を通し、拍の流れに乗る力、即興力、再現力が身につく。

コマ❶ ふしのリレー

T：タンタンタンの言葉回しをしましょう。

〇〇〇Vのリズムに合わせて、

言葉を言いましょう。

> いちご V

> りんご V

> み・か・ん V
> す・い・か V

グループでリレー

> す・い・か V
> い・ち・ご V

> り・ん・ご V
> み・か・ん V

> い・ち・ご V
> り・ん・ご V

ふしのリレー

①〇〇〇Vのリズムに合った言葉を探す。

（絵カードを黒板にはっておく）

②リレーの仕方を確認する。

③グループでリレーをする。

（拍の流れに乗りながら吹かせるのがポイント）

コマ❷ 子どもが進行役になる（L＝子どもの進行役　C＝子ども）

L：タタタタタンの言葉回しを言いましょう。

カスタネットを持って、〇〇〇Vとリズムを取る。

L：みなさん	→ C：はあい
L：タタタタタンで遊びましょう	→ C：遊びましょう
L：さつまいも	→ C：さつまいも
L：えびふらい	→ C：えびふらい
L：終わりましょう	→ C：終わりましょう

カスタネットを持って、○○○Ｖとリズムを取る。

Ｌ：グループで、タタタタタンの言葉を言いましょう。
　カスタネットを持って、○○○Ｖとリズムを取る。
　グループで言葉回しを行う。

Ｌ：タタタタタンの言葉を言いましょう。
　カスタネットを持って、○○○Ｖとリズムを取る。

コマ❸ 子ども同士で認め合う（Ｌ＝子どもの進行役　Ｃ＝子ども）

Ｌ：タンタンタンとタタタタタンの言葉を言いましょう。
　カスタネットを持って、○○○Ｖとリズムを取る。

Ｌ：みなさん	→ Ｃ：はあい
Ｌ：タンタンタンとタタタタタンで遊びましょう	
	→ Ｃ：遊びましょう
Ｌ：りんごとさつまいも	→ Ｃ：りんごとさつまいも
Ｌ：バナナとえびふらい	→ Ｃ：バナナとえびふらい
Ｌ：終わりましょう	→ Ｃ：終わりましょう

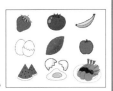

Ｌ：グループで、タンタンタンとタタタタタンの言葉を言いましょう。
　カスタネットを持って、○○○Ｖとリズムを取る。グループで言葉回しをする。

Ｌ：１班前へ出てきてください。１班の良いところを見つけてください。
　１班だけで、言葉回しを行う。

Ｌ：１班の良いところはどこですか。

Ｃ：拍の流れに乗って言葉を言えています。

Ｃ：手拍子が上手です。

Ｃ：Ａさんが、身体全体で拍を感じています。

Ｌ：１班の良いところをまねしましょう。

　このような活動を行うことで、友だちを認め合い、良さを共有することができるようになる。

（吉川たえ）

創作
グループでつくろう「おはやし」 3・4年

 POINT! 5つの音とリズムを使って旋律をつくる。

自分のメロディを全員が創るところから始める

コマ❶ ふしのリレー

1. 5つの音「ミソラドレ」音をつなげていく

T：ミソラドレを使って、ペアでふしのリレーをします。

ミーソラド　レドレ∨　　　レードーラララ∨

まず、教師のふしを参照させ、リズムや旋律を感じ取らせる。

一人ずつ順番に、つくったふしをリレーする。慣れてきたらグループやペアでふしのリレーをする。

ラーソミミラララ∨

レードーレレレ∨

ふしのリレー
①5つの音「ミソラドレ」から音を選び、旋律をつくる。
②一人ずつ順番に、つくったふしをリレーする。
③グループやペアでふしのリレーをする。
（拍の流れに乗りながら吹かせるのがポイント）

コマ❷ 旋律を2つ作り、〇譜に記譜する

2.作った旋律を、〇譜に記譜する

T：2小節の旋律を2つ作ります。旋律を、〇譜に記譜します。

①旋律を作る。

ラーソミミ　ラララ∨

ミソラド　レドレ∨

②作った旋律を吹く。

③〇譜に書く。

記譜
①旋律を作る。
②旋律を吹く。
③〇譜（五線譜）に書く。
④確かめ（〇譜を見ながら、階名唱する）。

④確かめ。

ラーソーミミラララ V　ミソラドレドレ V

○譜を指さしながら、旋律を歌う。

コマ❸　グループで作った旋律をつなげる

T：作った旋律をつなげましょう。

①つくった旋律を、一人ずつ吹く。

ラーソミミラララ V ～V

レードーレレレV～

②グループで、作った旋律をつなげる。どの順番で吹くのか決める。

（繰り返し、つなげ方の工夫）

和太鼓で伴奏を入れてもよい。

㋐ (ラソミミ　ラララ V)　　　㋑ (ラソミソ　ラソラ V)

㋒ (ミソラド　レドレ V)　　　㋓ (ドレラソ　ラララ V)

③別のグループに聴いてもらいアドバイスをもらう。

再度、旋律の順番を考える。

④全員の前で発表する。

旋律をつなげよう

①つくった旋律を一人ずつ吹く。

②グループの旋律をつなげる。

③別のグループに聴いてもらい、アドバイスをもらう。再度、工夫する。

④全員の前で発表する。

（吉川たえ）

創作
リズムアンサンブルをつくろう 4年以上

♪ POINT! 拍の流れに乗って進める。素材のレパートリを知り、組み合わせる。

コマ❶ リズムまねっこ 全体

1.先生が歌って、子どもがまねをするチームに分けてアンサンブルする。

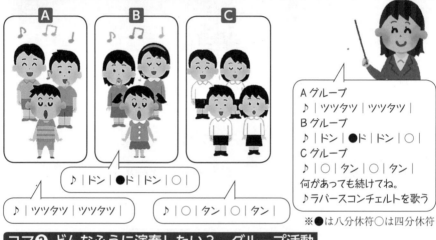

Aグループ
♪｜ツツタツ｜ツツタツ｜
Bグループ
♪｜ドン｜●ド｜ドン｜○｜
Cグループ
♪｜○｜タン｜○｜タン｜
何があっても続けてね。
♪ラバースコンチェルトを歌う

♪｜ドン｜●ド｜ドン｜○｜

♪｜ツツタツ｜ツツタツ｜

♪｜○｜タン｜○｜タン｜

※●は八分休符○は四分休符

コマ❷ どんなふうに演奏したい？ グループ活動

2.先生の例示から自分ならどうしたいか考えさせる

①言葉や声のレパートリーを例示する
②つくる
③発表

♪｜ドン｜●ド｜ドン｜○｜
低い声で言ってみたい。

♪｜タンンタタ｜タン｜は
♪｜ルンシュル｜イン｜の方が
柔らかい感じがするかなあ。

♪｜○｜タン｜○｜タン｜
鋭い感じにしたい

T：
声にアレンジをしていきましょう。
例えば、ツツタツのタを強めに言います。
ツツ**タ**ツ ツツ**タ**ツ
チ、カン、パン、ポン、シュ、ルン
言葉もさまざま変えられますよ。

コマ❸ リズムのアレンジ

3.言葉にしながらリズムを作る

T：自分のリズムを作りましょう。
　　2小節分です。できたら先生に
　　聴かせにいらっしゃい。

｜チチチチ｜●タ｜
ってやってみたい。
次はどうしようかな。

4.作品発表をする

T：グループになります。
　　自分の作品を発表します。

｜チチチチ｜●タ｜チチチチ｜●タ｜
軽い音のイメージでつくったよ。

｜ブン●｜ブン●｜
弦をはじくイメージ。

5.終わりを考える

T：グループになり終わり方を考えます。
　　一緒に終わったり、同じリズムで終わったり、
　　声の高さをそろえたり、
　　どのようにしたいですか。

最後は一緒に終わりたい。
低い声で、ルンみたいに。

ポイント

　自由創作する前に、どんな素材があるのか、どのようにすればできるのか、
を知る必要がある。
　コマ❶では全体でボイスパーカッションを行い、どんなことをするのか体感する。
　コマ❷では声の高低や言葉によってリズムに変化をつけられることを体感し、
自分はどんな音にしたいのかを考えられるようにする。
　コマ❸ではリズム自体を自分で創作する。言葉からリズム譜におこす子もいる
だろうし、リズムパターンから言葉を考える子もいるかもしれない。
　コマ2、コマ3では、個人創作ができたらグループ活動にする。お互いの作
品を聴き合った後、ブラッシュアップできるように促す。

（豊田雅子）

創作
音楽アプリを使って曲をつくろう 4〜6年

 POINT! 小学生も簡単に使いこなせるプログラミングアプリを活用して。

音楽授業で、アンプラグドのプログラミング的思考を育成

T：今歌った「花」は４段でできています。

「花」はA(aa)B(ba)の二部形式でできていますよ。

　１段だけ違うのは何段目ですか。

　鑑賞指導では、パターンの発見、反復や曲の構造理解へと進む。

3段目だけ違うね？　　私もそう思う。

T：音楽を聴きます。

　　最初の旋律が戻ってきたと思ったら手を挙げます。

T：この曲は「A-B-A」の構成で作られているのです。

> 「プログラミング的思考」を音楽授業で育成するための学習スキル
> ①問題の分解（曲を分解できる）
> ②パターンの発見（単位化できる）
> ③抽象化（似た内容を総称できる）
> ④手順化（紙に書いて説明できる）
>
> 　　　許鍾萬氏　TOSS音楽セミナーにて

「ガレッジバンド」〜選択の連続で曲ができる〜

T：「ガレッジバンド」Live　Loopsを開きます。

　　いろいろなジャンルの音楽がありますね。

　　好きなジャンルを一つ選びます。

HipHop がかっこいい！ぼくはこれに決めた！

House って何かな。聴くとのんびりするわ。私はこれにする。

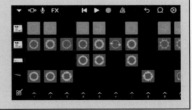

　サンプルを再生すれば、各ジャンルの音楽の雰囲気が分かる。

　再生画面を見れば選択した楽器、リズム、音色、旋律、反復・曲の構成などがすぐにわかる。

T：ジャンルが決まったら、次は楽器を選びます。
　　サウンドから、気に入ったものを
　　選びます。

> たくさんあるから
> 迷うなあ。

> かっこいい!
> このビートを
> 選んだぞ。

ジャンル、ジャンルにあった音源、リズム、楽器の組み合わせ、鳴らすタイミング、速度、音色の変化等々、選択の連続であり、何通りもの組み合わせがある。創作した曲を聴き合い、意見を交換する時間を確保する。

「Scratch」「プログラミン」で遊ぶ

T：「Scratch」や「プログラミン」のやり方
　　に慣れると、この後の学習がスムーズに進
　　みます。ドローンやマイクロビットを扱う
　　際も、同様の「プログラミング」アプリを使います。

> ちょっと
> めんどくさそう。
> できるかな。

> そうか、
> スペースキーを押すと、ネコが鳴くんだね。
> 指示をちゃんと出さないとね。

「Scratch」を使い、スクリプト、音、コスチュームなどを組み合わせて、自分の作品づくりに挑戦させる。「音をつける」「繰り返しのブロック」「初めに戻るブロック」等を意図的に使わせていく。

その他のアプリ

T：iPhoneをオカリナに見立て、息を吹きかけて
　　鳴らす楽器があります。指使いも易しいのでい
　　い曲ができるかもしれません。通電するものす
　　べてを楽器にしてしまうものもあるんですよ。

SmuleOcalina

KeyTouch

> おもしろそうだわ!

> リンゴやみかんで
> 作曲できるの?!

新しいアイテムを使ってのプログラミング音楽づくりも楽しい。

（関根朋子）

鑑賞指導
短く聴いて、短く書くから交流ができる 【4年以上】

♪ POINT! 続けるから力がつく。5分間音楽。

---

❶ 曲を聴く／5分
曲を聴いて、評定（◎・○・△）する

T：5分間音楽です。曲を聴いて、大好きは◎好きは○、あまり好きじゃないなは△。プリントに書きます。その理由を、ひとこと感想欄に書きます。

ぼくは、△。落ち着かないよ。静かな曲が好きだな。やかましい。

私は、◎。わくわくする曲ね。

5分間音楽		名前（　　　　　）	
月 日	曲名（楽器も）	◎○△	ひとこと感想

5分間音楽

①右のようなプリント（B5判）用意。

②1曲聴く。（短く聴かせる）

③◎○△をつける。

④ひとこと感想を書く。

⑤意見交流をする。　　（関根朋子氏追試）

---

❷ 意見交流をする／5分
ひとこと感想を、指名なしで発表する

T：ひとこと感想を発表します。指名なし発表です。

先生はあてませんから、言いたい人からどうぞ。

　5分間音楽のプリントは、音楽ノートに貼っておく。

「5分間音楽」の一言で、鑑賞が始まる。

5分間音楽　意見交流

①指名なし発表：言いたい人から言う。意見がどんどん出る。

②意見の比較：人の意見に「なるほど」と思ったらメモをする。

③まとめる：人の意見も含めて、曲を聴いた感想をまとめる。

その後の展開例

『ひびき』をテーマにした教材を、5分間音楽で扱う

❸ いろいろな楽器の音が重なり合う『ひびき』を味わって聴く／各5分

1. バロックホーダウン　　　吹奏楽（木管楽器＋金管楽器＋打楽器）
2. 双頭のわしの旗の下に　　吹奏楽
3. バロックホーダウン　　　吹奏楽・チェンバロ
4. アイネクライネナハトムジーク第一楽章　弦楽合奏
5. アイネクライネナハトムジーク第二楽章　弦楽合奏

吹奏楽の力強い
ひびきが好き。

5分間音楽

バイオリンやチェロなど、
音の重なりがいいな。

チェンバロって楽器の
音色を初めて聞いたよ。
すてきな音だ。

ひとつのテーマ『ひびき』で、連続して聴く。

テーマに沿った曲を、短く何度も、何曲も聴くほうが、よりテーマに沿うことができる。『弦楽合奏』『バイオリン・ビオラ・チェロ・コントラバス』『吹奏楽』『木管楽器・金管楽器・打楽器』などの言葉と『音：ひびき』が結びつく。

テーマ：音色や楽器編成

①3年　『金管楽器の音色』

トランペットふきの休日、トランペットボランタリー、アレグロ、ホルン協奏曲、バイエルンポルカ、チューバセレナーデ

②4年　『木管楽器の音色』

バディネリ、クラリネットポルカ、ピッコロ協奏曲ハ長調、アルカラノ竜騎兵、ガボット、交響曲第9番「新世界」より

③6年　『オーケストラ　楽器編成』

歓喜、管弦楽組曲「惑星」から木星ほか
※ここに挙げた曲は、教科書指導書添付のCDに収録されている。

> 短く聴く
> ↓
> ◎◯△をつける
> ↓
> ひとこと
> 感想欄に、
> 1.楽器名を書く
> 2.イメージした
> 　動物を書く
> 3.イメージした
> 　あてはまる言
> 　葉を書く

テーマ：曲を聴いてイメージする

①4年　『動物は何？』

白鳥、ライオン、象、化石、水族館など「動物の謝肉祭」より

②4年以上　『あてはまるのは？』〜曲名を半分かくして聴く〜

朝の気分、山の魔王の宮殿にて、アニトラのおどり、オーゼの死
※下線部分をかくして聴かせ、あてはまる言葉をできるだけたくさんイメージする。

（中越正美）

鑑賞指導
「聴き方」がわかれば、鑑賞がおもしろい　5年

♪ POINT!　「演奏の形」を手がかりに「響きの特徴」を感じ、構成を考える「祝典序曲」。

鑑賞指導も「音」→「表現」→「記号」の順で行う
響きの特徴を感じる（第1時／10分）

T：出てきた楽器は何ですか。　　◆「音」を聴く

　まず最初に「音」を聴き、次に感じたことを発信させる。

　自分の意見が自由に言える雰囲気を作る。どの子の意見も受け止め、否定しない。

　間違って当たり前、聴く活動を何度も行うことで、聴く耳は育っていく。

トランペットです！

フルートです。

バイオリンです！

T：この曲の「演奏の形」は何ですか。
　　最初の10秒を聴きます。

「演奏の形」とは「演奏形態」のことだ。

「オーケストラ」なのか、「吹奏楽」なのか、様々な形で演奏される曲を、「響きの特徴」を感じてわかるようにしたい。

私は「オーケストラ」だと思いました。ティンパニが聞こえてきました。

ぼくは「吹奏楽」だと思います。トランペットの音がかっこよかったです。

T：「オーケストラ」なら、弦楽器が聴こえるはずです。
　　もう一回聴きましょう。

　次表（黒板掲示・教科書）がヒントになる。

　確認した後、再度聴く。

　弦楽器の音が、はっきり聞こえるのは冒頭25秒程経ってからになる。

　そこまで聴かせてから、フェードアウトする。

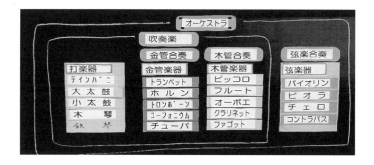

T：近くの人と話し合ってみましょう。

バイオリンの音が聴こえたよね？

うん、聴こえた！

T：ティンパニの後、弦楽器が出てきました。
　　答えは「オーケストラ」、「管弦楽」とも言います。

T：もう一度聴きます。バイオリンの音が聴こえたら、バイオリンをもっ
　　て弾く真似をします。（前半）　　　◆「表現」する

　この後、教科書で「演奏の形」と「曲名」を確認する。

構成を考える（第2時／ 10分）

T：曲の感じが変わったと思ったら、手を挙げます。　　◆「音」を聴く

　（冒頭「ファンファーレ部分から40秒」を流す。）

　ファンファーレ部分が終わり、曲の感じが変わる部分に気付かせる。

　この後、教科書で「主題」を確認する。「主題」を表した音符の上に指を置き、
教師がゆっくり弾く（あるいは歌う）音に合わせて、音符をなぞる。

T：通して演奏を聴きます。教科書を追いながら聴きます。
　　◆「記号」（知識に）

　教科書には、「曲の構成」がわかりやすく記してある。教科書を見ながら聴か
せていく。時間に余裕があれば、第一主題が再現される部分で挙手させる。

（関根朋子）

鑑賞指導
共通事項〈ポイント〉

全学年

 気持ちではなく、ポイントを絞って聴かせ、
ポイントを絞って話し合う。

音に注目：○○の音が聞こえたら手を挙げます

「そりすべり」「クシコスポスト」

T：①馬がそりをひいて走っています。すずの音が聞こえたら手をあ
　　げます。

　　②馬が時々さぼるので、ムチでたたく音がします。
　　　聞こえたらおしりを押さえます。

　　③馬になります。鈴がなっている間は走って、
　　　ムチでたたく音がしたらおしりを押さえてジャンプします。

♪シャンシャンシャン♪

【音色に注目の参考曲】
「カルメン前奏曲」シンバル
「おどるこねこ」バイオリン
「シンコペーテッドクロック」
ウッドブロック、トライアングル
「鍛冶屋のポルカ」鉄を打つ音

鈴の音を聞き取る	→	1つの音を抽出できる
鈴をたたくまねをする	→	拍感が育つ
鈴の音で動く	→	構成をつかむ
ムチの音で反応	→	フレーズ感を養う
何度も聞く	→	主旋律を覚える

数に注目：○○はいくつ出てきますか

「トランペット吹きの休日」

T：①主旋律を口ずさみます。トゥトゥトゥ♪

　　②主旋律はトランペット何本で演奏していますか

　　③トランペットの音が重なるところを確認します。

　　　1本、2本、3本。

あ、ここだ。
1本、2本、3本。

数を問う

①楽器の数を問う

②歌っている人数を問う

③パートの数を問う

④回数を問う

【参考曲】「神田囃子」「越天楽」「春の海」

ポイントを絞って楽しく聞いた後、学びが深まる花丸鑑賞

T：感想を書いて発表します。

【感想の書き方】

この曲を聞くと（　感じたこと　）気分になります。

わけは（　音楽の要素　）が（　どうである　）からです。

まるで（　想像したこと　）ようです。

T：黒板を見ながらもう一度聞きましょう。

　　確かにその通りだなという意見を見つけたら後から発表します。

花丸鑑賞とは

感想を発表した後、もう一度「たしかめ聴き」をし、友達の意見で「確かにそうだったな」と共感したものをさらに発表する。

共感された人は「ありがとうございます」と言い、教師は共感を受けた意見に花丸をつけていく。

（飯田清美）

鑑賞指導
中学生が熱中する鑑賞授業　中学1〜3年

♪ POINT! 何度も聴きたくなる発問で熱中する。

> よー〜〜
> という声も
> 聴こえます。

歌舞伎「勧進帳」
コマ❶ 音を聴く

T：どんな音が聴こえますか？

　　ピー、カン、ポン等という言い方でかまいません。

楽器の音や声が聴こえることを確認する。

T：歌舞伎の始まり始まり〜〜

これから歌舞伎について学習することを知らせる。

コマ❷ 楽器の音を説明する

　教師の「どんな音」という発問に対し、生徒らは 「カーン」や「ポン」というような答え方でよいことを促す。

　笛、小鼓、大鼓等　黒板に貼っておく。

T：小鼓と大鼓、どちらが「カーン」で

　　どちらが「ポン」でしょう。

高い音が大鼓、低い音が小鼓。

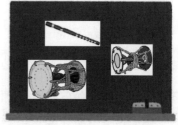

コマ❸ 旅の衣は〜〜を聴き取る

T：聴こえてくるのは日本語です。何と言っているのか聴き取ります。

　　書けたらノートを持ってきます。

あっている部分だけ丸を付けていく。

T：黒板に書くので、歌いましょう。

ふしをつけて歌わせる。

コマ❹ 旅の衣は〜〜を聴き取る音の高低を聴き取る

Ｔ：「旅の衣はすずかけの〜〜〜」とうたっています。

　　音の高低を棒線で書き取りましょう。

※唄い尻が書かれていれば○をつける。

Ｔ：歌い終わりに特徴があります。

　　これを唄い尻といいます。

※黒板に書き説明をする。

```
たびのころもは

すずかけの
```

コマ❺ 「これやこの〜〜〜」を聴き取る

Ｔ：さあ本番です。同じように聴き取ります。

　　これやこの〜〜のみ聴き取る。

Ｔ：教科書○ページ

　　すでに楽譜になっています。楽譜を見ます。指で追いながら聴きます。

　　途中、どこなのか確認しながら聴く。思ったより遅いと感じる生徒もいる。

コマ❻ 「これやこの〜〜〜」を歌う

Ｔ：まねをします。

　　ＣＤや範唱で追い歌いをする。

Ｔ：唄方はどこに座っているでしょうか。

　　教科書○ページで見つけます。

コマ❼ 「歌舞伎の見どころ」を解説する

①見得…身体の動きを止め、首を回すように振って最後にグィッとにらんだ目をして静止する

②六方…独特の歩き方を説明した後、ＤＶＤを途中とめながら見せる。

③勧進帳を読む場面…ウソがばれないように白紙の勧進帳を朗々と読む様子。

④山伏問答…富樫の問いによどみなく答えていく弁慶の緊迫していく様子。

⑤延年の舞…舞の見せどころ。

⑥退場…飛び六方。

コマ❽ 西洋のオペラと歌舞伎の比較

Ｔ：オペラも歌舞伎も音楽・舞踊・演技の要素が入っています。

　　オペラと歌舞伎についてそれぞれの要素を比較しましょう。

※ワークシートやノートにまとめさせる。

（豊田雅子）

生活の音を創作鑑賞につなげる
身の回りの音に耳を澄まそう 1年

 様々なねこの鳴き声をまねして、声による音楽づくりを楽しむ。

声による音楽づくり

❶ 教科書から猫を見つける・教師の真似をする

T：教科書にいろいろな猫がいますね。

　　どんな動きをしているか見つけてごらん。

走っています。 　　歌っています。 　　ねています。

ポイント

①教師は、子どもの発表を「どこ、どこ？」「すごいね！」と声をかけ、認める。

②子どもの見つけた猫が教科書のどこにいるかを全員で確認する。

T：先生のまねをして鳴いてみましょう。

　　みんなは猫になるよ。

　　「ニャーニャーニャー」「フニャニャー」「ギャーーー！！」

　　教師は音の高低、強弱、長さ、発声方法（頭声的・地声など）を変えて子どもに示す。

❷ 教師の示す猫になって鳴く

T：屋根の上で鳴いている猫のように先生の示す猫になって、鳴いて
　みましょう。同じ列人がリレーのように続けて鳴きますよ。「屋根
　の上で鳴いている猫」

ポイント
① 「けんかしている猫」「お話ししている猫」
　など、列ごとに次々と指示を変える。
②他の子と違った表現をした子を認め、ほめる。

❸ グループで真似っこリレーをする

T：4人グループを作ります。
　リーダーになる順番を決めます。
　1人目が鳴いたら、ほかの3人が真似します。
　リーダーを変えて同じようにやります。

グループでの活動が終わったら全体で聞き合う。

　子どもたちにとって猫の鳴き声
は身近な存在である。猫の鳴き声
で遊ぶことによって子どもたちは、
発声の仕方、声の重ね方などを自
然に体感することができる。
　後の学年の「声による音楽づく
り」につなげられる。

（川津知佳子）

旋律をつなげて

旋律をつなげて遊ぼう　1年

 POINT! 5つの音から音を選び、タンタンタンのリズムの旋律をつくる。

❶ 旋律のリレー

○○○Vのリズムに合わせて音をつなげていく

T：ふしのリレーをします。

○○○Vのリズムに合わせて音をつなげていきます。

ソレドV

ドレミV

グループでふしのリレー

ふしのリレー

①○○○Vのリズムに合わせて音をつくる。

（ドレミファソの中から音を選ぶ）

②リレーの仕方を確認する。

③グループでふしのリレーをする。

（拍の流れに乗りながら吹かせるのがポイント）

---

❷ まねぶき

友だちのふしをまねて吹く

T：まねぶきをします。

　　友だちの音をまねて吹きましょう。

ソレドV

ドレミV

まねぶき

①ペアをつくる。

②まねぶきの仕方を確認する。

③ペアでまね吹きをする。

　（音を聴き、再現する力を育て

　るため、まねぶきができるまで

　繰り返し吹くのがポイント）

---

❸ 旋律の組み合せ（呼びかけ・答え）

ペアで、続くふしと終わるふしを使った旋律づくりをする

Ｔ：続くふし・終わるふしは、どちらですか。（教師が吹く）

ミドレV（続くふし）

ミレドV（終わるふし）

レミソV（続くふし）

ファレドV（終わるふし）

ペアでふしのリレー

続くふしと終わるふしの旋律づくり

①ペアをつくる。

②一人が続く吹き、一人が終わるふしを吹く。

③できたら交代する。

（吹かせる前に、続くふしと終わるふしの違いを、たっぷり耳で聴かせておくことがポイント）

グループで、続くふしと終わるふしを使い、ふしのリレーをする

Ｔ：続くふしと終わるふしを使って、グループでふしのリレーをしましょう。

続くふしと終わるふしを使ったふしのリレー

①リレーの仕方を確認する。

（最後の人が終わるふし、他の人は続くふし。４人組であれば、続くふし→続くふし→続くふし→終わるふし）

②グループでふしのリレーをする。（拍の流れに乗りながら吹かせるのがポイント）

③互いに聴き合い、他のグループの良いところやまねしたいところを発表する。

（吉川たえ）

日本の音楽を使った旋律づくり①

旋律をつなげて遊ぼう

`3年`

 POINT! 3つの音を使った旋律づくりとリズム伴奏を合わせる。

`コマ❶ ふしのリレー`

教科書のリズムに合わせて音をつなげていく

T：ラドレを使って、ふしのリレーをします。

まず、教師のふしを参照させ、
リズムや旋律を感じ取らせる。

ラードーレドレ V

レードーラララ V

グループでふしのリレー

ふしのリレー

①教科書のリズムに合わせて「ラドレ」から音を選び、旋律をつくる。

②席の端から順番に、旋律を吹く。

③リレーの仕方を確認する。

④グループでふしのリレーをする。

　（拍の流れに乗りながら吹かせるのがポイント）

ペアでふしのリレーを行う

T：ペアでふしのリレーをします。

お話ししているように（呼びかけ・答え）吹きましょう。

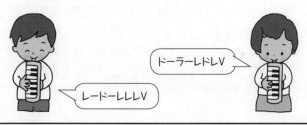

ドーラーレドレV

レードーレレレV

コマ❷ ○譜と五線譜に記譜する

作った旋律を、○譜と五線譜に記譜する

T：作った旋律を、○譜（五線譜）に記譜しましょう。

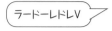

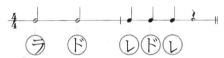

①旋律を作る

②旋律を吹く

③○譜に書く（五線譜の同様に）

④確かめ

○譜を指さしながら、旋律を歌う。

> **記譜**
> ①旋律を作る。
> ②旋律を吹く。
> ③○譜（五線譜）に書く。
> ④確かめ（○譜を見ながら、階名唱する）。

※五線譜も遊びから……。

五線譜ボードを使うと、
遊んでいる感覚で五線譜に
慣れることができる。

コマ❸ リズム伴奏

作った旋律とリズム伴奏を合わせる

T：作った旋律とリズム伴奏を合わせましょう。

①教師のリズムをまねする

②リズム伴奏を作る

③リズムを確認

④旋律とリズム伴奏を合わせる

> ドンドンドンカカ
> ドンドンドン V

> **リズム伴奏**
> ①教師のリズムをまねする。
> ②リズム伴奏を作る。
> ③一人ずつリズムを確認。
> ④旋律を吹く人とリズム
> 　伴奏に分かれ演奏。

（吉川たえ）

日本の音楽を使った旋律づくり②
基本形を演奏してから、自分のふしを作って記す ▉4・5年▉

POINT! 「陽旋法・民謡音階」（4年）と「陰旋法・都節」（5年）で旋律づくり。

陽旋法「じゅうごやさんのもちつき」で遊ぶ

T：「♪じゅうごやさんのもちつきは〜」ペアを組んで！始めます！

日本の旋律に馴染むには、わらべうたが自然だ。

歌って遊べば、身体感覚もアップする。

> 「ラ ララ ララ ソララソミー…」
> 「ラ」と「ソ」と「ミ」です。

T：「十五夜さんのもちつき」は
何の音でできていますか。

T：「ラ」と「ソ」と「ミ」に「ド」と「レ」
を足した、「ラドレミソ」の音階＝
民謡音階　で、できています。昔か
ら、わらべうたにはこの音階が使わ
れてきました。

> **主な日本の音階**
> ①陽旋法・民謡音階
> 　「ラドレミソ」の5音音階
> ②陰旋法・都節音階
> 　「ミファラシド」の5音音階

「陽旋法・民謡音階」でせんりつづくり（4年）

1.♩ ♩♫♩.♪♩ ♩♪| のBのリズムで、民謡音階のふし創り／5分

T：まねします。「ラーララV」（　）ハイ！

C：「ラーララ（ウン）」

> 今先生と練習したから、
> 簡単にできるよね。

T：「ラーソラV　ハイ！」

C：「ラーソラ（ウン）」…

T：今吹いたリズム（♩ ♪♩♪）を使って、
次は皆さんがふしをつくります。

民謡音階「ラドレミソ」の音を使います。

子どもはBのリズムでふしをつくる。

> ぼくは
> ♪「ラーシラー」
> にしよう。

子A：ラーララ（ウン）
子B：ラーソラ（ウン）
子C：ドーソラ　ハイ…

等々、リレー奏法でクラス
全員が演奏する

♩	♩♩♫♩.♪♩ ♩♪|
A	B

2. ♩ ♩♪♪♩ ♩♪♪ ｜♪｜ のリズム（A＋B）で、民謡音階のふし創り／5分

T：「ラーシ シシ ｜ラーシラV」。今創ったふしの前に、「ラーシ シシ」（　　　）
　　とさらにふしを加えます。民謡音階「ラドレミソ」の音を使います。

> 出だしの音の動きを
> 同じにしようよ！

T：2人のふしをつなげて、演奏します。
　　まとまった曲になるように修正します。

> 最後は終わった
> 感じにしよう。

　　できた作品を全員が発表し、コメントを発表する。
　　まずは、自分のふしをつくり、演奏できるようにする。
　　十分に音で遊んだ後、音符を書いたり、リズム変
化を考えたりさせる。

> **音→表現→記号**
> まず体感させる。
> 音符やリズム譜を見せ
> るのは、後回しにする。

「陰旋法・都節」でせんりつづくり（5年）

T：まねします。「ラ ララ シ シ ラ ララシー」ハイ！
（子：まねる）
「ミ ファファ ミ ファ ラ シシ ラー」ハイ！
（子：まねる）

> 鍵盤ハーモニカや
> お琴でもできるよ。

T：今吹いたリズムを使って、
　　次は皆さんがふしを創ります。
　　都節音階「ミファラシドミ」の音を使います。

T：〇譜は、音の長さを量感で掴めるので便利ね。
　　音符を書く前に使うといいわ。

> 〇譜に書き込むと、
> わかりやすい！

> **せんりつづくりの進め方**
> ①基本形を教師が例示し、
> 　子どもがまねる。
> 　この時、耳や感覚を優
> 　先し、楽譜に書いたり
> 　音符を見せたりしない。
> ②1の基本形をもとに子
> 　どもが創作し、発表（演
> 　奏）する。どの子も演
> 　奏できる内容にする。
> ③応用する。
> 　友達とふしを組み合わ
> 　せたり、ふしやリズム
> 　を変えて演奏する。
> ④楽譜にして作品を残す。

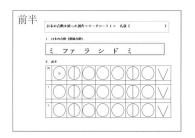

前半

（関根朋子）

和音の音で旋律づくり
主要三和音（Ⅰ、Ⅳ、Ⅴ）の響きの違いを感じて〜 5・6年

POINT! 西洋の音階を使ってせんりつ作り。

ハーモニー感覚の育成

1.毎時、コツコツと……〜低学年から帯で取り組む〜

響きの違いを認識できるまで、ある一定の時間を要する。

遊び感覚で毎時間取り入れると、無理なく、わかるようになる。

♪ドミソ（子ども動作）

気をつけ　Ⅰドミソ　　れい　Ⅴソシレ　　万歳　Ⅳファラド

T：気をつけ（の人）、大正解！

初めはⅠ（ドミソ）とⅤ（ソシレ）の2種類で行い、

できるようになってきたら、Ⅳ（ファラド）を入れる。

2.高学年はハンドサイン

4年生以上は、ⅠⅣⅤをハンドサイン（右図）で

出せるようにしておく。「気をつけ」の和音と「1」の

和音が同じ響きであることを感覚的にインプットする。

Ⅰドミソ C　　Ⅴソシレ G　　Ⅳファラド F

Ⅰ、Ⅳ、Ⅴの和音の響きを味わう

T：♪Ⅰの響きを皆で出してみよう。

廊下側の人は「ド」、中央は「ミ」校庭側は

「ソ」を出します。

サンハイ

	廊下側	中央	校庭側
Ⅰ	ド	ミ	ソ
Ⅳ	ド	ファ	ラ
Ⅴ	レ	ソ	シ

Ⅳ、Ⅴの和音も鳴らし、響きを確認する。

担当が代わっても、響きには影響しない。

次に、教師のハンドサインを見て、和音を鳴らす。

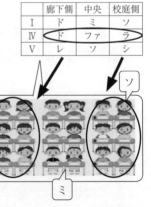

ド　ソ　ミ

T：ハンドサイン👆C：♪ドミソ

T：ハンドサイン🖐C：♪ソシレ

T：これから、先生がひく曲に、皆は伴奏を付けます。

先生が出すハンドサインに合わせて演奏するよ。

「栄光の架け橋」（Ⅰ、Ⅰ、Ⅳ、Ⅴ……）、「世界に一つだけの花」など、

身近の曲を扱うことで、和音・伴奏への意識が高まる。

長調のせんりつ作り ～成功のカギは、どれだけ体感したか～

和音の響きの違いをたっぷりと体感した後、教科書に沿って授業を進める。

T：教科書「和音に含まれる音」の表を見ます。

　一つずつ音を選び、自分のふしを創ります。

　実際に音を出し、ふしを確かめながら創ります。

思っていた音と吹いた音は違っていたわ。

最後の音は「ド」がいいみたいだ。

「ド」や「ミ」だと落ち着くね。

「和音に含まれる音」表

ド	ド	ド	ド	ド	レ		ド
ソ	㋚	ラ	ラ	ソ	シ		ソ
㋯	ミ	ファ	ファ	ミ	ファ	ソ	ミ
ド	ド	ド	ド	ド	レ		ド
Ⅰ	Ⅰ	Ⅳ	Ⅳ	Ⅰ	Ⅴ		Ⅰ

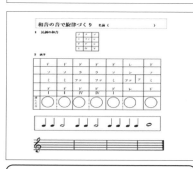

代表作品を選び、そのふしを全員で演奏する。その際、伴奏をつけると演奏がまとまる。バランスを考えながら、2で行ったように、伴奏を入れていく。

進め方

①教科書表に自分のふしを書き、演奏し聴いてみる。納得する音に修正する。

②①で創った自分のふしをプリント（左参照）に書き込む。

③②で書いた音に、プリントに記されているリズムを付け演奏する。

④楽譜に書く。

進め方（①～④の通り）がわかったら、「音」や「リズム」を変えて別の作品を創作する。前半、後半と友だちと分担し、8小節の曲を創作してもよい。

基本形を元に、いくつも創作する。

（関根朋子）

リズムを組み合わせて①
「がっきでおはなし」「手拍子でリズム」 2・3年

 POINT 楽器や手拍子の音の組み合わせを楽しむ。

「がっきでおはなし」（2年）

1. 教科書の【基本リズム】の中から、好きなものを1つ選び、リズムを打つ。

始めは、リズムカードを見せず、リズムを聴き、まねさせる。

タンタタタン∨

タンタンタン∨

T：先生とリズムのまねっこしましょう。

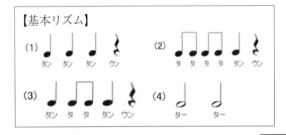

【基本リズム】

(1) タン タン タン ウン
(2) タ タ タ タ タン ウン
(3) タン タ タ タン ウン
(4) ター ター

追加したリズム

(5) タッ カ タッ カ タン ウン
(6) タン タン タン タン

2.(1)～(4)のリズムカードを提示し、この中から2つ選び、順番を決める

(2)→(1)の順番に
鳴らそう。

3.拍に乗って、お話するように楽器を鳴らす

ペアでふしのリレー

(3)→(1)　　(4)→(2)

がっきでおはなし

①教科書の楽器の中から、好きなものを1つ選び、リズムを打つ。

②ア～エのリズムカードを提示し、この中から2つ選び、順番を決める。

③拍に乗って、お話するようにリズムを鳴らす。

（拍の流れに乗りながら、楽器を鳴らすことがポイント）

④慣れてきたら、(5)(6)のリズムも使ってみよう。

T：楽器を使って、ペアでお話しましょう。

「手拍子でリズム」（3年）

左頁の【基本リズム】（含追加リズム）を基本に進める

1.もとのリズムをまねする

T：先生のリズムを手拍子でまねしましょう。

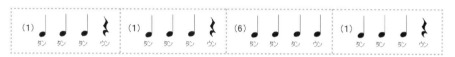

2.しくみを確かめる

教科書を見ながら、リズムのしくみを確かめる。

T：このリズムは、小さいまとまりと大きいまとまりでできています。

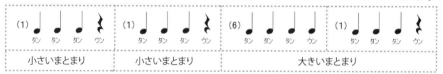

小さいまとまり	小さいまとまり	大きいまとまり

3. 4小節のまとまりのあるリズムを作る

【基本リズム】（含追加リズム）のリズムを使って、4小節のまとまりのあるリズムを作る。

小さい まとまり	小さい まとまり	大きい まとまり

リズムつくり
①もとのリズムをまねする。
②しくみを確かめる。
③4小節のまとまりのあるリズムを作る。
④グループで「もとのリズム」と「つくったリズム」をつなげて打つ。

【基本のリズム】のリズムを黒板に貼り、リズムを作る。リズムが書かれたカードは、提示せず、まず耳で聴きながら、リズムを感じ取らせるのがポイント。

4.グループで「もとのリズム」と「つくったリズム」をつなげて手拍子で打つ

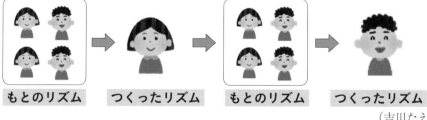

もとのリズム	つくったリズム	もとのリズム	つくったリズム

（吉川たえ）

リズムを組み合わせて②
「言葉でリズムアンサンブル」繰り返し・変化 　4年

 リズムカードで「変化」を多角的に捉えて。

コマ❶ 4音の言葉を決める

1.3種のリズムで言葉を言う

T：まねをします。

> **「音→表現」を繰り返す**
> このパーツでは教科書や文字・リズム譜を見せない。

2.リズムカードを見ながら言葉を言う

まねをします。
〇〇〇〇

〇〇〇〇

> **変化のある繰り返しで読む（記号）**
> 「追い読み→子どもだけで→アットランダム」の順で読む。
> フラッシュカードの裏には、枠と言葉を一致させた表（教科書参照）を印刷する。

3.使いたい言葉を決める

何種類か4音の言葉で楽しんだ後、1つに決める。

気に入った響きの言葉を1つ決めます。

破裂する感じがいいなあ。

モコモコした響きも面白い。

> **子音の響きが豊かな言葉を例示する**
> ボイスパーカッションのように破裂音や摩擦音が効果的な言葉を重ねると面白い。説明せず、ヒントとして数個リズミカルに読んで紹介する。

コマ❷❸ リズムアンサンブルを創る

1.音楽を形づくっている要素を列挙する

どんな要素が
ありますか?

教科書を使って教える

　一つ一つ説明せず、教科書の中から要素と使い方を見つけさせる。

2.「変化」を多角的に捉える

8小節に収まればいいです。
輪唱のように小節をまたいだリズムも面白いです。

ずらすことで新たなリズムを生む

　四分音符や八分音符は小節を跨ぐ組み合わせにすると、シンコペーションになり。まるでポップスやジャズのような面白さが生まれる。

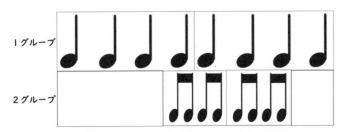

１グループ

２グループ

3. 2人組でワークシートに書き込む ⇄ 演奏を録音する

タブレット等で表現を確認する

　子どもが自分の演奏を容易く聴ける時代になった。ICT端末を活用し、確認と修正を繰り返してよりよい作品を作ることができる。

（丸山美香）

声の響きの重なり
音色・まとまり

小5〜中学

 POINT! 簡単な3部合唱で、何度も楽しく「響き」を体感する。

素材のレパートリを知り、組み合わせる

コマ❶ 歌を覚える　全体

先生が歌って、子どもがまねをする。

短いフレーズに切り、追い歌いで歌を覚させる。

T：先生のまねをしてメロディを覚えます。

　　♪マイケルこげ岸へ〜

♪マイケルこーげ岸へ〜

音が取れないようだったら、
同じフレーズを数回くり返す。

コマ❷ 混ぜこぜ歌いをする（歌詞と階名唱を混ぜること）

ハーモニーにしたい部分を階名唱にする。

各パートそれぞれが歌えるようにする。

この場合、ハレルヤの部分を階名唱にする。

Aミミファ―ミ

Bドドド―ド

Cミソラ―ソ

♪マイケルこげ岸へ
ミソラ―ソ

コマ❸ それぞれのメロディの音を覚える

先生が歌って、子どもがまねをする。

T：先生のまねをしてメロディを覚えます。

Aチーム　♪ミミファーミ

Bチーム　♪ドドドード

Cチーム　♪ミソラーソ

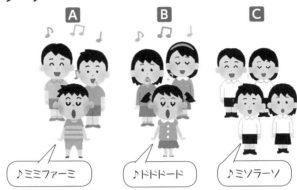

♪ミミファーミ　♪ドドドード　♪ミソラーソ

ポイント

聴く活動　1

T：各チーム、グーパーで組み分けをします。

T：グーの人、手を挙げます。歌います。

というように組み分けをして、ABCの響き（三和音）を聴き合う。

聴く活動　2

T：マイケルはみんな、ハレルヤはグーチームで歌います。

「呼びかけ」と「こたえ」で単旋律と和音の響きの違いを聴き合う。

T：マイケルはグーチーム、ハレルヤはみんなで歌います。

「呼びかけ」と「こたえ」の人数の違いによる響きの違いを聴き合う。

聴く活動　3

T：前半のハレルヤ。

T：後半のハレルヤ。

続く感じの響きと終る感じの響きを聴き合う。

（豊田雅子）

授業開始は身体活動から
楽しい雰囲気&拍に乗る力　1年

 POINT! 「7 steps」「チェッチェッコリ」「なまえよびあそび」

拍を感じて身体を動かす

「7 steps」「チェッチェッコリ」

1.どの曲にも使える！　簡単振り付けパターン

〈一人でできる〉

・手拍子　　　　　　　　・肩たたき　　　　　・足踏み

・ジャンプ　　　　　　　・回る　　　　　　　・身体を左右に揺らす

・ひざを打つ　　　　　　・指定された順に打つ（例　頭→肩→腰→ひざ）

・スキップする　　　　　・左右に移動する（フレーズごとにターンする）

〈二人でできる〉

・手を取り合って回る　　・くぐる

・お手合わせをする　　　　（「なべなべそこぬけ」の要領で）

2.おどりながら歌おう

①教師が1フレーズずつ歌って聴かせ、児童はまねをする。

（T＝教師）

T：♪ワン　ツー　スリー　フォー
　　♪ファイブ　シックス　セブン

> ♪ワン ツー スリー フォー
> ♪ファイブ　シックス　セブン

②始めから通して歌う。

③振り付けだけを、①の要領で練習する。

④歌に合わせる。（教師は歌い、児童は踊る）

⑤踊りながら歌う。

> だんだん難しくなるように、
> スモールステップで進める。

「なまえよびあそび」

T：まねします。　（手を叩く）

> まずは手拍子だけまねさせる。
> 休符をしっかり取らせる。

①教師 → 一人

T：なまえあそびをします。

　　呼ばれたら「はあい」と返事をします。

（カスタネットや手拍子でリズムを打ち始める）

　　みーなーさん。

　　なーまえあそびをしーましょ。○○さん。

T：△△さん。おわりましょ。

はあい

しーましょ

○○：はあい

△△：はあい

△△：おわりましょ

②皆 → 一人

T：次はみんなで名前を呼びます。

　　最初は「○○さん」とみんなで呼びます。

　　次に「△△さん」。順番に呼びます。

③グループ

T：次はグループでやります。グループで円になります。

　　リーダーを決めます。リーダーから時計回りに名前を呼びます。

（L＝リーダー、G＝グループ、C＝子ども）

L：みーなーさん。　　　　　　G：はあい。

L：なーまえあそびをしーましょ。　G：しーましょ。

G：C1さん。　　　　　　　　C1：はあい。

（以下、略）

④長く続ける

T：次は、できるだけ長く続けます。

　　言葉が言えなかったり、拍の流れに乗れなかったりしたら座ります。

（③と同じようにグループで活動する）

指導のポイント
・グループ活動は４〜５人で行う。
・拍の流れを止めないように進める。
・手拍子の動作は大きく、音は小さく鳴らさせる。
・手拍子の動きがなかなかうまくできない子もいるが、できたらほめて、少し
　ずつできるようにしていく。

（工藤　唯）

授業開始は身体活動から
楽しい雰囲気＆拍＆身体機能 `2年`

♪ POINT! 拍を感じて身体を動かす「しりとりあそび」「エース オブ ダイヤモンド」

拍を感じて身体を動かす

みかんとりんご

ゴリラとライオン

「しりとりあそび」

1.休符を取ることをわすれずに

T：（手拍子）（タン・タン・タン・タン・ターン・タ・タン・ウン）

　　みなさん

　　しりとりあそびをしーましょ。

　　（タン・タン・タン・タン・ターン・タ・タン・ウン）

　　りんごとみかん（ウン）　みかんとりんご（ウン）

　　ゴリラとキリン（ウン）　キリンとゴリラ（ウン）

　　「ことばのしりとり」と「一字しりとり」がある。

　　くじら（ウン）　らじお（ウン）　おうむ（ウン）　むかで（ウン）

2人組でやる。グループでもやってみる。

エース オブ ダイヤモンド

2.音楽によって自由な動きを引き出す

T：曲のイメージに合わせて体を動かしましょう。

　　まず、音楽を聴いて自由に体を動かす。

　　次に、既成の動きを教える。動きを誘導する言葉を使って、踊る。

①タン！（拍子）ウン（片足踏み）！キャッチラララ……

　　２拍めの「ウン」で１拍とる。

脳に抑制のタイミングをつくることができる。

②（片足）タッチ、タッチ、１２３４。タッチ、タッチ１２３４。

　　左右の足で地面に片足タッチをする。

交互に入れ替えることで脳の連携を図る。片足立ちの機会を多く設けることで身体のバランスを育てる。

③ラッララッララッララ……（手を交差して繋いでスキップ）

　　ペアで手を交差して繋ぐことで

左右の脳の連携、また、スキップリズムは、片側感覚を育てる。

3.創作してみよう

①初めの８呼間の動きを考えよう

　　初めの８呼間だけの短いフレーズの動きを作る。

　　４、５人のグループで取り組むといい。

　　１拍目の強いアクセントのある動きがバリエーションのある動きを引き出す。

②グループごとに発表しよう

③まねして、おどろう

　　グループ発表の動きをすぐに見ている子どもたちがまねをして踊る。

即興的に動くことは、見た情報を自分の体の部分かわかって動かすことになる。

　　子どもたちの様々な動きを取り上げ、みんなで踊ってみると、動きの内部情報を蓄積することができる。今後の動きづくりに活用される。自分の動きを取り上げられた子どもは、さらに夢中になって取り組む。

　　グループで選ぶときは、各自のおどりを考える時間を最初に確保する必要がある。個人の発表を見て、よいところと感じた理由を発表すると、動きのコードとなる。

指導のポイント
①グループ活動は４〜５人で行う。
②短いフレーズだけの創作だから動きを考えやすく意欲的に取り組む。
③手拍子の動作は大きく、音は小さく鳴らす。
④どんな動きも拍が合っていれば、大いにほめる。

（鈴木恭子）

授業開始は身体活動から
楽しい雰囲気＆拍＆合唱 　4〜6年

 POINT! 横崎式指導法で楽しい歌唱の導入。

簡単な曲（「きらきら星」や各学年の共通教材曲など）を使う

❶ 音楽に合わせて歩く・走る・スキップする

1. 四分音符で弾いている時→音楽に合わせて歩く

　　♩　♩　♩　♩

2. 八分音符で弾いている時→音楽に合わせて小走りする

　　♫　♫　♫　♫

3. 付点八分音符＋十六分音符で弾いている時→音楽に合わせてスキップをする

一曲の中でフレーズごとにリズムパターンを変化させていく。

この活動では、拍を聴き取らず、ただ歩く、ただ走る、ただスキップするという子が出てくるが、拍の流れに乗っていることが大切である。

ぴったり拍がそろっている子を見つけ、お手本として紹介する。

T：Aさんにお手本をしてもらいます
　　どこがよいでしょうか。

> Aさんは音楽と足の動きがぴったり合っていました。

> 音楽をよく聴くと、速さにぴったり合うね。

そのようなことを繰り返し、
「拍の流れに乗る」ことを
クラス全体に広めていく。

4. 音楽が終わったところで、自分の位置をとる。

　　自分の位置をとって次の活動に入る。

　　（愛唱歌を歌う等）

> 両手間隔で広がろう。

> 自分の歌いやすいところに行こう。

❷ 裏声拍子お手合わせ

既習曲（歩きやすい速さで4拍子の曲）でおこなうとよい。

> 例　「こいのぼり」に合わせて歩く。
> 歌詞は歌わず、「裏声」で拍数を唱える。
> 1（イーチ）、2（ニー）、3（サーン）… 8拍目（ハーチ）で近くの人とハイタッチ。
> 後半は4拍ごと、2拍ごととだんだんハイタッチのタイミングを早めていっても盛り上がる。「裏声生活」もでき、楽しい活動になる。

❸ 歌う前の「歌声準備体操」

T：「息を吸い上げます。　（子どもたち息を吸い上げる）　はい！」

C：「ほ～～～～～～い！」

T：「笑顔で吸い上げます。　（子どもたち息を吸い上げる）　はい！」

C：「ほ～～～～～～～い！」

T：「吸い上げて吐き上げます。　（子どもたち息を吸い上げる）はい！」

C：「ほ～～～～～～～～～～い！」

　授業の導入で既習曲や愛唱歌を歌う前には、このウォーミングアップを入れている。子どもたちは笑顔になり、気持ちよく歌唱活動に入れるようだ。

（小室亜紀子）

参考：「さすが！といわれる合唱指導の原則」横崎剛志著

授業開始は身体活動から
「早く音楽室に行きたい！」と子どもが思う授業 3〜6年

 POINT! 教師は第一声から笑顔＆ノリノリで！

①→②→③と3つのコマをつなげて、一気に巻き込む！

❶ 体操・肩たたきからパートナーソングへ畳み掛ける

体を動かして楽しい気持ちにする

1.体操

> 立ちましょう
> 場を取ります。
> はい！

はい！

はい！

はい！

> 「はい！」と言いながら次々と簡単な動きをする。
> 子どもも「はい」と言いながら真似をする。
> 笑ってしまう動きを入れると笑顔になる。

2.肩たたき
（伴奏なしで歌う）

1・2・3・4・5・6・7・8（反対）
1・2・3・4・5・6・7・8（反対）
1・2・3・4（反対）1・2・3・4（反対）、
1・2（反対）、1・2（反対）、
1（反対）、1（反対）、ポン（手を打つ）。

> 楽しそうにやると、子供は笑顔で真似をする。
> 動きに慣れたら、「はーるのおがわは」などと歌いながら肩たたきする。
> 「春の小川」「蛙の合唱」「どんぐりころころ」「春が来た」「ゆうやけこやけ」など、
> 多くの歌に合う。

3.パートナーソング（2つに分かれて、別々の歌を同時に歌う）

> ♪かえるのうたが
> きこえてくるよ

> ♪どんぐりころころ
> どんぶりこ

> 先生対子ども、男子対女子、北側と南側など、いろいろな分かれ方で楽しめる。

❷ 体ほぐし

歌に合わせ、体を動かす。楽しく活動して拍に乗る力を育てる

[ア]　　　　　[イ]　　　　　　　　　[ウ]　　　　　　　　　[エ]

①左右に体を揺らす
②肩たたき [ア]
③友達の肩たたき（右・左）[イ]
④お手回し（右・左）[ウ]
⑤先生に向かってお手合わせ
⑥お隣さんとお手合わせ

⑦教室内を歩きながら、「1・2・3・ポン」のリズムですれ違った友達とハイタッチ
⑧なべなべそこぬけ [エ]
⑨手をつなぐ
⑩肩を組む

前の動きを行っているときに、次の指示を出すと、動きが途切れずに続く。
そのときに子供たちが好きな歌や、流行している歌で行うと、より楽しめる。

❸ リコーダー

「音楽の授業はリコーダーから」と決めておくと、音楽室に来た子から、
練習を始める。時間になったら、易しい曲や既習曲を次々流す。

1.授業前

　リコーダーで遊んでいる。いろいろな音が出ている。

2.授業開始

①3年生では、かまえや運指、タンギングの確認をして、まね吹きをしてから、
　既習曲の伴奏を流す。

②4・5・6年生では、授業が始まったら既習曲の伴奏を流す
（前年度学習した曲も）。

リコーダーのない1・2年生は、音楽室に来た子から「じゃんけん列車」を
すると楽しい。

（鈴木光世）

授業開始は身体活動から
身体反応力を育てる身体活動 　1・2年

POINT1 ♪ 音楽に合わせて歩く ～「きらきら星ほか」～

音楽に合わせて、歩く・身体活動をする

❶「きらきら星」に合わせて歩く

T：音楽に合わせて歩きます。

ピアノなどで生演奏が良い。
子どもたちの反応を見ながら
リズム変奏をして弾く。

> 友達にぶつからない
> ように歩こう。
> 難しいな……。

音楽に合わせて歩く　3種類のリズム変奏に反応する

♩♩♩♩	タンタンタンタン　ドドソソ	拍の流れに乗って歩く
♫♫♫♫	タタタタタタタタ ドドドドソソソソ	かけ足リズムを感じてかけ足
♪.♪♪.♪♪.♪♪.♪	タッカタッカタッカタッカ ドッドドッドソッソソッソ	スキップリズムを感じて スキップ

---

❷「きらきら星」感じ取って反応する

> 音楽に合わせて
> 歩きます。

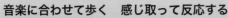

音楽に合わせて歩く　感じ取って反応する
①音楽の要素を感じ取る
　強弱、高低、速度、長調・短調、はずむ感じ、なめらかな感じ
　【例】教師：強弱をつけて「きらきら星」を弾く。
　強：力強さを感じて　元気に歩く。どすどす足音をたてて歩く。
　弱：弱々しさを感じて、身体を縮めて歩く。足音をたてずにそろりそろりと歩く。
②音楽の流れを感じ取る
　ストップ＆ゴー：音楽が止まるとストップ。始まるとゴー。

❸ フレーズの切れ目で、身体活動をする

「さんぽ」音楽に合わせて歩く身体活動をする

（「さんぽ」中川李枝子作詞/久石 譲作曲）

1．拍を感じて歩く

2．フレーズの切れ目で身体活動を楽しむ

①手をつないで歩く。

②2人組で手をつないで歩く。

③お手合わせをする。

④肩を組んでゆれる。

⑤フレーズターンをする。

⑥歌いながら歩く。

⑦歌いながら左右にステップをふむ。

⑧一拍振りをする。など

※タブレットなどから音源を流す。

①音楽に合わせて歩きます。
②2人組。手をつないで歩きます。
③お手合わせをします。

流れを止めない。フレーズの切れ目で指示をだす。

手元操作がきく、タブレットが便利

音楽に合わせて歩く〈わらべ歌・あそび歌を楽しむ〉

歩く⇒音が止まる⇒音指示①を聴く⇒音の合図で組をつくる⇒わらべ歌あそび歌
⇒音指示②音が鳴る⇒歩く

一連の動きを、何度も繰り返して楽しむ。

1．音指示
　音指示①集めたい人数分だけ音を鳴らす。
　音指示②「さんぽ」を流す。

2．音楽にするどく反応する力、聴く力がつく。

3．わらべ歌やあそび歌の楽しい活動を通して、誰とでも活動ができるようになる。

身体活動、取り扱いのコツ

①常時活動として毎授業時間（5分〜10分）取り入れる。

②動きの基礎（手拍子、足踏み、ステップ、肩たたきなど）を積み上げる。

③「まね」から始める。言葉の説明はしない。やってみせてまねさせる。

④音楽が聴こえたらすぐ反応した子をほめる。いい動きはほめて価値づける。

（中越正美）

コマとパーツで進める音楽授業
短い活動を組み合わせて楽しく力のつく授業 　全学年

 POINT! 料理に例えると「コマ」はメニュー、「パーツ」は調理法、「教材」は材料。

音楽授業の45分間を
どうやって進めたら
よいか悩んでいます。
コツを教えてください。

私はコマとパーツで
組み立てているわよ。

コマとパーツって
何ですか？

コマは学習メニュー、
パーツはその中の
1つ1つの活動。
これらを組み合わせて
45分の授業にするの。

料理に例えると……

コマ	パーツ	教材
⇩	⇩	⇩
メニュー お品書き	調理法 レシピ	食材

先生はコックさん

コマとパーツの授業は
フルコースのお料理！

1時間のコマの数は
いくつぐらいですか？

学年や学習にもよるけ
ど6つ〜9つくらいよ。

例えばどんなコマが
ありますか？

ウォーミングアップやリコーダー、
ふしづくり、教科書、今月の歌、
レパートリーなどよ。1つのコマ
を複数のパーツで作るの。

1 時間の授業例と
コツを教えてください。

どの子も安心して授業に入れる
よう常時活動を前半にして、
じっくり取り組みたいメインの活
動は後半にしているわ。

【1時間の授業の流れの例（2年生）】

コマ	曲	パーツ
1. ウォーミングアップ	かえるの合唱	和音であいさつ、裏声のばし、肩たたき
2. あそびうた	復習メドレー	十五夜さんのもちつき、アルプス一万尺など
3. リズム		まねっこリズム、リズムあてっこ、リレー演奏
4. ふしづくり	鳴き声遊び	説明、お手本、例（全員で）、グループで
5. 教科書 （メインの学習）	虫の声 （新しい曲）	範唱、歌詞クイズ、まねふりつけ、まね歌い、 好きな虫の部分を歌う、教科書で確認
6. 鍵盤ハーモニカ	復習曲	まねぶき、ドレミあてっこ、リレー演奏、復習 曲メドレー（これまでに習った曲など）
7. レパートリー	歌集の曲	クラスで選んだ曲を歌う（1〜2曲）、タッチ
8. 今月の歌	翼をください	道具の片付け、係にタッチされたら並ぶ
9. 退場行進	翼をください	歌に合わせて音楽室を1周し、出口でタンバ リンをたたいて退出する

こんなにいろいろやって先生も子
どもたち大変じゃないですか？
力はつきますか？

まずは無理のない組み立て方
でいいの。それにこの方法は
いろいろ良いことがあるのよ。

どんな良さが
あるんですか？

短い単位でリズムよくテンポよく進めるか
ら、子どもたちの集中力が続きやすいわ。
楽しい活動が次々展開するから気持ちの
切り替えもできるし、やる気も出るのよ。

それに1つの曲を1回で長く練習するより短く、何回かに分け
て練習するほうがポイントを絞って教えられるし、定着するわ。
また1時間ずっと同じ学習を続けるより、いろんな練習や活動
を織り交ぜたほうが上達するという研究もあるのよ。

（飯田清美）

わらべうたで身体能力とコミュニケーション力を育てる 　全学年

 何ができないのか、教師の見取り＆対応で子どもが変わる。

わらべうたで「身体をコントロールする力」を育てる（3分）

♪「せっせっせのよいよいよい」

向き合って、手をつなぐ → ①せっせっせーのよいよいよい

→お手合せ → ②お寺の和尚さんがかぼちゃの種をまきました

向き合ったまま手でジェスチャーしながら

→ ③芽が出て膨らんで花が咲いたらジャンケンポン

動きを確認した後、ペアで遊ぶ。

T：お隣さんとお手合わせ！

T：反対のお隣さんと！

T：同じ班の人と！

T：周りに「一人」の人がいませんか。

　　いたら「一緒にやろう！」って声をかけましょう。

> ・最初は「限定された相手」と行う。
> ・「相手がいない状態」を作らない。
> ・「仲よく遊ぶ」ことを意識させる

わらべうたで、「遊び方」を学ぶ（3分）

　　ロンドンブリッジと同様の動きで遊ぶ。皆で円を作り、うち2人が屋根を作る。

♪たまりやたまりや　おったまり　そら
にげろやにげろや　ねずみさん
（ラララソ・ラララソ　ミーソソラ　ラソ
ラララソ・ラララソ　ミーソソラ）

> 遊び方を学ぶ
> ①ルール
> 　順番を守る、負けてもやる、相手を選ばない、優しく言う。
> ②力加減
> 　強すぎ、乱暴にならない。
> ③目と目を合わせる
> 　友だちと仲よくなる原点

いたいなあ、ぶつかったじゃないか！

そっちが先に、足を踏んだんだ！

「自分から相手を探そうとしない」、「相手がいないのに一人で手合わせの動きをして、違和感を感じない」といった子どももいる。友だちとわらべうたを通し、楽しくコミュニケーションが取れるよう、働きかける。

テンポ良く進めるから楽しい！わくわくする！

♪「あんたがたどこさ」メドレー

① あんた　がた　どこ　さ

①一人で先生とお手合わせ

②③あんた　がた　どこ　さ

②二人でお手合せ
③「さ」ごとに、相手を変えてお手合わせ！

④ あんた　がた　どこ　さ

④今度は「押し相撲あんたがたどこさ」
足が先に動いたほうが負け。

流れを止めず、すぐに次の活動を示す。

「ジャンピングあんたがたどこさ」、「いないいないばあ・あんたがたどこさ」、「全員で手をつなぎ前後左右に動くあんたがたどこさ」等も取り入れる。

わらべうたで日本の音楽DNAを養う

　わらべうたは「レミソラド（レ）」の5音音階でできている。千年以上の時を超え伝承されてきた日本の音楽DNAである。

　歌いながら手遊びしたり、新たな歌詞を創作したりといった楽しい遊びを通し、子どもたちに伝えていきたい。

教室で遊べるわらべうた
1唱え歌　ゆびきりげんまん　明日天気になあれ　どれにしようかな
2絵描き歌　棒が一本あったとさ　さんちゃんが
3まりつき・なわとび　あんたがたどこさ　一羽のカラス　郵便屋さん　大波小波
くまさんくまさん
4ジャンケン・お手合わせ
　お寺の和尚さん　おちゃらかほい　桃太郎さん　げんこつ山のたぬきさん
5手遊び・身体遊び　ずいずいずっころばし　なべなべ底抜け　茶々壺茶壺
　おせんべやけたかな　十五夜さんの餅つき　一本橋　いないいないばあ
6鬼遊び　たまりや　かくれんぼ　とおりゃんせ　鬼さんこちら　花いちもんめ

（関根朋子）

新曲歌唱指導
まねして歌おう「ひのまる」

1年

 POINT! お手本は先生のアカペラで。

先生が歌って聴かせ、児童がまねをする

コマ❶ まね歌い

T：まねします。♪しろじに

> 短いフレーズを歌う。
> ①しろじに ②あかく ③ひの
> まる
> ④そめて ⑤ああ美しい
> ⑥日本の旗は

♪しろじに　　♪しろじに

歌えるようになったところを、楽譜で確認する

T：楽譜で確認しましょう。

> ここで楽譜を見せる。
> 1曲通して歌う。楽譜で確認する。

♪しろじにあかく
ひのまるそめて

「ひのまる」
歌えるように
なった曲だね。

音⇒表現⇒記号の順序で進める新曲歌唱指導システム
①「音」のステップ
　　先生：歌って聴かせる　　児童：それを聴く
②「表現」のステップ
　　児童：まねして歌う
③「記号」のステップ
　　児童：歌えるようになったところを楽譜で確認

変化のある繰り返しで、楽しく習熟

コマ❷❸ 覚えて歌う

1.イラストフラッシュカード

♪しろじに　　♪あかく　　　　　♪ああ美しい　　♪日本の旗は
　　　　　　　　ひのまるそめて

イラストフラッシュカードで視覚支援
提示しながら歌う。イラストは、歌詞を思い起こさせるものにする。

2.交替うたい

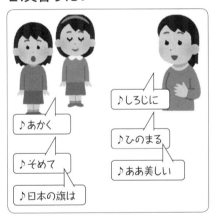

3.グーパー歌い

交替歌い

　1フレーズごとに交替で歌う。
先生対子ども
男子対女子、女子対男子
列ごと、グループごとに　など

グーパー歌い
リーダー（教師または子ども代表）が、
グー・パーのサインを出す。
　　パーのサインは、歌う。
　　グーのサインは、歌わない。
フェイントを入れるとおもしろい。

（中越正美）

新曲歌唱指導
あっという間に歌詞を覚える「ふりつけ歌い」 1〜4年

♪POINT! やってみせ、やらせてみせて、ほめて教える。

低学年の子どもたちが、なかなか歌詞を覚えられません。良い方法はありますか。

歌詞を見て覚えるのは難しいわね。わたしは「ふりつけ歌い」をよく取り入れているわ。

「ふりつけ歌い」って何ですか？

歌詞に合うふりつけをしながら歌うことよ。

やりかたを教えてください。

教師が「ふりつけ」しながら範唱する（お手本）

先生だけに注目させる

T：お手本です。
　　♪大きな〜〜

お手本は教師がアカペラで歌うといいわ。
CDには伴奏や前奏後奏、多様な音色やリズムなどの情報がたくさんあるから違うことに注意が向いてしまうかもしれないでしょ。
歌詞も最初は見せなくていいわ。

大きく明確に動く

教師のふりつけをまねする（まねふりつけ）

T：まねします。
　　♪大きな〜〜

歌も動きも同時にまねするのは難しいから、最初に教師の歌に合わせてゆっくりふりつけだけまねさせるのよ。
もちろん一緒に口ずさむ子がいてもそれはいいのよ。

ふりつけをしながら歌詞を覚える

T：今度は歌いながらできるかな。

　　♪大きな～～

♪大きな～～

歌が入ると、動きに気が回らなくなって、さっきより曖昧になる子もいるけど、いいのよ。
動きをヒントに歌詞を覚えていくのよ。
だいたい覚えてきたらCDに合わせてノーマルスピードで。

歌詞をたしかめる

T：この曲が教科書に出ています。
　　探して歌います。

ありました!
○○ページです!

見つけました!

歌を覚えたら次の時間には何をしますか。

楽器を使ったりグループで発表したり、コーナー学習などをするわ。

歌＋○○で楽しむ

| リズム伴奏をつける | 鍵盤ハーモニカで演奏 | グループで新たに踊りを作る |

（飯田清美）

新曲歌唱指導
音が重なる楽しさ「アカペラ歌い」 2年

♪ POINT: CDに合わせて歌えるようになる。

十分教師のまね歌いをして歌えるようになってからの指導

コマ❶ 歌詞付き伴奏CDに合わせて歌う

♪ドーはドーナツの ド

♪ドーはドーナツの ド

歌詞がCDから流れるので、子どもたちは歌えている気分になっている。

コマ❷ 歌詞なし伴奏CDに合わせて歌う

歌えると思っていたが、実際は歌えていなかった。

♩.～♪♩.～♪～

♪ドーはドーナツの ド

考えられる原因は次の2つだ。

1. 出だしが合わない。
2. 音の高低や速さが伴奏と合っていない。

対策①　歌い出だしの練習

歌い出だし部分だけを練習する。

前奏を聞いて歌い出しのタイミング練習をする。

出だしの合図に教師が口パクで息を吸うまねをするのもよい。

息を吸って!

対策②　途中でCDの音を小さくする

最初は伴奏付きで歌っている。

途中からボリュームを下げ、子どもたちの声だけにする。

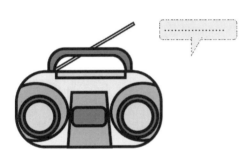

♪ソーは青い空

CDの音をもとに戻す。

♪シはしあわせよ

♪シはしあわせよ

伴奏なしのアカペラで歌っていた子どもの声とCDの伴奏がぴったり重なる。

その瞬間の「合った!」という心地よさを味わうことができる。

子どもたちは「合うかな?」と思いながらゲーム感覚で楽しみながら歌う。

（溝端久輝子）

歌唱指導「日本の歌」の歌い方①
「ことば」であそぶ

1〜3年

 POINT! 共通教材を用いて、「楽しい歌い方」を学ぶ。

オノマトペで遊ぶ「虫のこえ」

第1時（5分）

T：先生が歌います。

　　何という虫が出てきましたか。

　　教科書で確認した後、全員で1番を歌う。

T：皆は'まつ虫'、鳴いてごらんなさい。

T：ずいぶん声の大きなまつ虫ねえ。

♪チンチロ チンチロ…

T：「まつ虫」「すず虫」どちらかを選びます。

　　自分の番になったら、選んだ虫になりきって

　　鳴きます。

> **オノマトペ（仏語）**
> 虫が鳴いている音（がちゃがちゃ、りんりん、ピンヨロー）＝擬声語や、キラキラ、さらさら、そよそよといった擬態語を総称した言い方。

あっそうか。小声でね！
♪チンチロチンチロ……

私はすず虫！

ぼくまつ虫！

> **指導のポイントと流れ**
> ①教科書は見せない。
> ②教師が範唱して聴かせる。
> 　（聴くことに集中させるため）
> ③虫の名を子どもに見つけさせる。
> ④虫の鳴き声を子どもに言わせる。
> ⑤教科書を見せ、確認する。
> ⑥全員で歌う。

第2時（5分）

T：先生が歌います。

　　何という虫が出てきましたか（2番）。

　　教科書で確認した後、全員で1、2番を歌う。

　　続けて、好きな虫を選択させて歌う。

> 「きりぎりす」は「こおろぎ」を示す古語であったので、韻を踏ませるため歌詞に用いられた。
> 「きりきり」と鳴く「きりぎりす」とすることで、歌詞が覚えやすく、楽しみながら歌うことができる。

T：「まつ虫」「すず虫」「きりぎりす」「くつわむし」「うまおい」から2つ選びます。

　　自分の番になったら、選んだ虫になりきって鳴き（歌い）ます。

感嘆文を歌う♪「あ〜おもしろい」（「虫の声」）

第3時（5分）

Ｔ：おもしろさが相手に伝わるように言います。

Ｃ：「あ〜おもしろい」

あーおもしろい!

Ｔ：今度は、近くの人に言ってみましょう。

Ｔ：おもしろさが相手に伝わるように歌います。

Ｃ：♪「あ〜おもしろい」

あーおもしろい!

Ｔ：端から個別評定します。

端から一人ずつ個別評定

最後は全員で歌って終わる。

「呼びかけとこたえ」で遊ぶ

　歌詞の有無にかかわらず、音楽には「呼びかけ」と「こたえ」を意識して創作されていることが多い。Ａ、Ｂ２つのグループに分け、実際に対話して歌ってイメージさせる。状況設定すると、イメージを持ちやすくなる

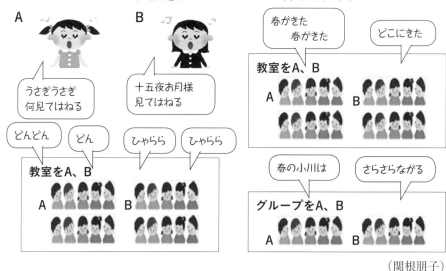

（関根朋子）

歌唱指導 「日本の歌」の歌い方②
始まり、終わり、クライマックス 5・6年

POINT! 演奏ががらっと変わる！

出だし

「夏は来ぬ」1番を「追い歌い」で歌う。その後一回通して歌う。

T：♪「うのはな」まねします。
C：♪うのはな
T：♪「うのあな」
C：♪うのあな

視覚情報でイメージを掴む

T：正しいのは、どちらですか。

教科書で確認した後、全員で1番を歌う。

歌い比べることで、善し悪しがわかる。

T：「うのはな」、卯木という木に咲く花のことです。（写真を提示）
「う」の口の形をあらかじめ作り、語頭をはっきり歌います。

この曲の出だしの場合、「⓪の⓪な」（「う」と「はな」の「は」）の2か所を意識する必要がある。

端から一人ずつ個別評定

T：「うのはな」検定。出だしの「う」、
はなの「は」の2か所がはっきり歌えて
いれば合格です。

各自練習させた後、個々に評定する。評定のよかった児童に手本で歌ってもらうと、よりことばに着目して聴くようになる。「おぼろ月夜」の冒頭、「♪なのはなばたけに」も同様だ。

終わり

T：♪～夏は来ぬ
　　夏は来たのですか、来なかったのですか。

T：「夏は来ぬ」の「ぬ」は完了を表し、ここでは「夏が来ました」
　　という意味になります。

T：最後の「きぬ」を丁寧に歌います。

どの曲も最後は丁寧に
歌うのですか。

T：体言止めになっている歌詞の場合、最後までハッキリ歌います。

クライマックス

「ふじ山」を歌う。ふりをつけながら歌うと、覚えが早い。
　歌えるようになってから曲想や曲の構成について教える。

T：この曲のクライマックスはどこですか。
　　近くの友だちと、相談する。

「ふじは」の「ふ」
は、音が高いね。

T：「ふじ」の「ふ」がクライマックスの頂です。
　　皆で言ってみます。「ふ」。

C：「ふ」。

「下に聞く」の「に」かな。
段々音が高くなっていった
頂点だよね。

T：唇を尖らせて、「ふー」と遠くに息を飛ばす
　　ように声を出します。

端から一人ずつ言わせていく。

端から一人ずつ個別評定

声を思い切り遠くに飛ばすことがポイントだ。

この後、「ふじは」検定で、一人ずつ歌わせていく。

「ふじは」検定のポイント
「ふじ」＝「富士」、「ふ」も「じ」もはっきり 聞こえるように歌います。「ふーじ」がはっきり 聞こえるよう、「は」は軽く歌います。

**歌唱、合唱、合奏に共通する
演奏のポイント**
①出だし
②終わり
③クライマックス

（関根朋子）

歌唱指導「日本の歌」の歌い方③
「ことば」を伝える
5・6年

♪POINT 共通教材で、日本語を「丁寧に発音する」練習をする。

「わらべうた」や「唱歌」、「童謡」を「日本の歌」と捉えている。唱歌は国語教育をサポートする目的で作られた「読本唱歌」が原点である。

　国語を教える際、歌がついていると覚えやすくなる。歌を通し、日本語を正しく教えるという「音楽科の役目」も押さえていく。

「鼻濁音」は響かせて歌う

ふるさと　第1時（5分）

「ふるさと」1番を「追い歌い」で歌う。

T：「うさぎおいし」

意味は①②どちらですか。

①うさぎを追いかけた

②うさぎがおいしかった

> **追い歌い**
> T：うさぎおいし　かの山
> C：うさぎおいし　かの山〜
> 教師が手本を示し、子どもが真似する。これを繰り返し、子どもを徐々にできるようにする歌唱指導法。

正解は①です。

意味が正しく伝わるように「うさぎ」とはっきり歌い、

「追いし」の「お」を歌い直すように丁寧に歌います。

「うさぎ」の「ぎ」は鼻濁音、響かせて歌います。

「ぎ」を発音する前に「んぎ」と「ん」を入れて歌います。

　語頭に鼻濁音がくる場合は、響かせない。

「ふるさと」には鼻濁音が多く使われている。

> **鼻濁音**
> そのまま発音すると響きが汚くなってしまうが、鼻濁音を用いることで響きを確保できる。「が」「ぎ」「ぐ」「げ」「ご」が語頭に来た場合は、鼻濁音を用いない。「十五夜」の「五」は鼻濁音、「十五日」の「五」は非鼻濁音である。

「ことば」は一塊で歌う

ふるさと　第2時（5分）

T：どこを直すとグレードアップしますか。

> ♪こころざ　しを
> は　たして……

「こころざし（を）」＝「『志』（を）」、途中で息継ぎせず一息で歌います。
ことばの途中で息継ぎをすると、歌詞の意味が伝わりにくくなります。
「志を」の場合、「こころざし」とはっきり歌い、「を」軽く歌うと、わかりやす
くなります。

言葉がもつ「リズム」を感じて歌う

> アップダウンが
> 激しそうです。

「箱根の山」はどんな山ですか。
聴きましょう。

> 深い森にありそうです。

「箱根の山は高くて険しい」という大体のイメージを押さえたら、まずは歌っ
て曲を楽しむ。

T：「♪箱根の山は天下の剣　函谷関もものならず……」

漢字の部分は声をはっきりと歌います。

一見難しそうだが、子どもたちが楽しんで歌う姿が見られる。
言葉がもつ「リズム」を感じながら歌えるよう、曲が創られている。
歌いやすい音域で、声が出しづらい高学年男子にとっても歌いやすい。
まず歌えるようにして、心地よい「言葉のリズム」を体感させたい。
「われは海の子」も同様、リズムよく、楽しく歌える。

（関根朋子）

合唱指導
短いフレーズをハモることの積み重ね [1・2年]

 楽しく歌って「ハモリ」に慣れる一工夫。

1.「ハモれる」とは？

「ハモれる」ということは、

> ・自分が歌っているふしと違うふしが聞こえていることに慣れる。
> ・歌いながら違うふしを聞くことに慣れる。

この2つが基本条件であると考える。自分が歌うふしと友だちが歌う違うふしが合わさると楽しい、気持ちがいい、と感じることができるようになるためには、低学年のうちから「ハモリ」に慣れる必要がある。

2. ハモる、その前に

耳から入れて「ハモリ」に慣れる。「Believe」「翼をください」など、簡単な副旋律が付いている曲がお勧めだ。子どもが主旋律を自信を持って歌えるようになったら、教師は副旋律を歌う。こうして「ハモっている」状態に慣れさせ、心地よさを体感させておくのだ。1〜2年生でも、毎回ハモリを体験しているうちに、教師が歌う副旋律を覚えてしまい、一緒に歌えるようになる子どもも出てくる。

3. ハモリステップ

①効果音的にハモる

例示した3つとも、Bの楽譜が効果音的な部分である。

例1「ぶんぶんぶん（1年）」

例2「かえるのがっしょう（2年）」

好きなかえるの声でBの部分を歌う。

例3「こぎつね（2年）」

②少しだけハモる

最後の部分だけ2部合唱にする。

例4「はる　なつ　あき　ふゆ（1年）」

例5「たぬきのたいこ（2年）」

③輪唱を取り入れる

「あの青い空のように」「どこかで（2年）」などは歌いやすいだけでなく、発声に気をつけて歌うことができる曲である。

（小林千草）

合唱指導
楽しくグループ歌唱

3〜6年

 POINT! 音取をしながらハーモニー感覚を育てる。

二部合唱版　音取・ハーモニー感覚育成システム

小学生なら、二部合唱でハモれば十分！

まず、全員がソプラノもアルトも歌えるようにしましょう。

指導ステップ

①全員で主旋律を歌えるようにする。

②全員でアルト（副旋律）を歌えるようにする。

③「まだ、応援がいるね。お友達を連れてきて。」と徐々にソプラノを増やしていく。

おおよそ同じ人数くらいになったら、「その場所から1歩動きます。」

「さらに1歩」「3歩」と徐々に形を崩してパートが混ざるようにしていく。

①
みんなはアルトを歌います。
先生はソプラノを歌います。

②先生1人じゃ無理みたい。誰か助けて〜

先生お助けソプラノ部隊

みんなでアルト部隊

1人じゃ心配…という人は、お友達と一緒に移動していいですよ。

初めは、音楽室の端と端に分かれて歌おう。

自然に混ぜこぜで歌う状態になる。混ざっている方がハーモニー感覚が育ってくる。

三部合唱～音取・ハーモニー育成システム

　小学校で歌う合唱なら、必ず主旋律があります。まず、きれいな斉唱で歌えるようにしましょう。

指導ステップ
①全員で主旋律を歌えるようにする。
②パートに分かれて音取をする。
③1回音取が終わるごとに1歩後ろに下がらせる。
④さらに1歩…と続けていくうちに自然と混ざった状態で歌うようにする。

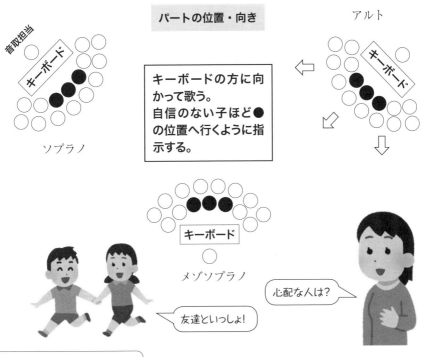

パートの位置・向き

音取担当　キーボード　ソプラノ

アルト　キーボード

キーボードの方に向かって歌う。
自信のない子ほど●の位置へ行くように指示する。

キーボード　メゾソプラノ

友達といっしょ！

心配な人は？

【チャレンジ】
「違うパートの人と向かい合って歌えたら、プロレベル！」と歌が得意な子の意欲をかき立ててみましょう。重唱に近づきます。

大事なことは…
①遊び感覚で楽しく進めること。
　技術の向上は求めずに。
②自然とハーモニー感覚が身についてきます。

（横崎剛志）

器楽指導
鍵盤ハーモニカの指導

 1年

♪ POINT! 音⇒表現⇒記号の順序で指導する。

初期指導　1年生2学期

❶「ど」の位置はどこかな？

①まねっこ。ちょき。

③T:「まねっこ。ちょき。」
やってみせてまねさせる。
②T:「ふたつのお山に置きましょう。」
黒板に鍵盤シートを貼り、
やってみせてまねさせる。
③T:「2つのお山の左側が、『ど』」
「ど」位置を確認後、必要ならば
シールを貼る。

❷ まねぶきとふし問答

まねぶき。
♪ドドド V

♪ドドド V

ふし問答。
あなたから。
♪ドドド

♪ドドドド V

次。♪ドドドド V

流れを止めず、次々に進める。

　クラス全体が、吹けるようになったら、個別評定に進む。

まねぶきとふし問答 〜音「ど」の位置を覚えたら〜

まねぶき：♩♩♩♪（3つ打ちリズム）のリズムに乗せて、吹いて聴かせ、まねさせる。
【例】ドドド V　ドドドド V　ドドドドド V など
ふし問答：♩♩♩♪ のリズムに乗せて、吹いて聴かせる。
児童は、教師が吹いたふしと違うふしで答える。
【例】T：ドドド V　C：ドドドド V

「ど」の次の音は？聴覚を頼りにさがす

❶「ど」と「そ」音の高低を感じ取らせる～音⇒表現⇒記号の順で～

音　T：まねぶき。♪ドソドＶ

視覚に頼って位置をわからせるのは、「ど」だけにする。

「そ」は、音を聴いて探させる（さぐりぶき）。

> ド?ド?????
> 次は何の音だ?

表現　C：♪ド???????　⇒　C：♪ドソドＶ

初めは、ぐちゃぐちゃで全くそろわない。

根気よく続けるうちに、1人2人と音がわかりそろいだす。

記号　T：♪ドソドＶ　　　C：♪ドソドＶ

ほぼそろったら、階名で歌って聴かせまねさせる。

聴いて（音）まねして吹いた（表現）旋律を階名（記号）で確認する。

❷ まねぶき、ふし問答で聴く力をつける～毎授業時5分間続ける～

①T：まねぶき。【例】♪ドドドＶ、♪ソソソＶ、♪ドソド、♪ドドソソドＶ

「ど」「そ」2音を使い、♩♩♩♪ のリズムに乗せて吹いて聴かせまねさせる。

まねぶきができるようになったら、ふし問答に進む。

②「ど」「そ」の次は、「れ」「み」「ふぁ」と続く。同様に進める。

❸ 新曲指導もまねぶきで

T：まねぶき。♪みどみど（『こいぬのマーチ』作曲者不明）

ごく短いフレーズを吹いて聴かせまねをさせる。

この繰り返しで、1曲を仕上げる。

音　T：♪みどみど　⇒　表現　C：♪みどみど　⇒　記号　階名で歌う。楽譜で確認。

力をつける、力を伸ばす

①リレーふき　♩♩♩♪ のリズムに乗せて、1人ずつ順に吹いていく。

②リレー対決　チームに分かれて1対1で対決。次々と吹いていく。

> 先攻：ドドドＶ
>
> 後攻：ドミドＶ

（中越正美）

器楽指導
高学年でも鍵盤ハーモニカ
4年以上

 POINT
合奏で使う。旋律づくりで使う。

1．合奏編　ラバースコンチェルト

❶ 合奏は、まず主旋律から

T：主旋律を鍵盤ハーモニカで
吹きます。

ちょっと難しいな。
鍵盤見ながら吹いちゃえ。

シbは、鍵盤
ハーモニカの
方が楽ね。

鍵盤ハーモニカの演奏
〜唄口か卓奏用唄口か〜
聴覚が最も鍛えられる9歳までは、
鍵盤を見ずに聴くことを頼りに演奏
できる唄口が良い。聴く力が育つ。
高学年を迎え、聴く力が弱い場合、
卓奏用唄口を使い鍵盤を見ながら演
奏を楽しむのも良い。

　「唄口」　　　「卓奏用唄口」

シb

孔番号
0
1
3
4

鍵盤ハーモニカは、音量があって豊かな表現ができる。
持ち運びができるので、どこでも演奏を楽しむことができる。

主旋律だけではもったいないね。
かざりの旋律（副旋律）、和音、低音、どのパートも
任せられるわ。
高学年の合奏でも鍵盤ハーモニカは大活躍しそうね。
音量のバランスには気をつけないといけないけどね。

❷ 合奏練習の進め方 〜合奏はちょっとずつたし算〜

①主旋律（リコーダーや鍵盤ハーモニカ）が全員できる。

②簡単パートは、全員に体験させる。

　プラス
　＋1　　リズムパートをたす。　　　＋2　　低音パートをたす。

③ちょっと難しいパートは、選んで練習。

+3^{プラス}　　和音パートか、かざりの旋律（副旋律）パートかを選んで練習。

④自分がやりたいパートを選んで合奏を楽しむ。

❸ どのパートを、どの楽器でやりたいか選ぶ

合奏練習の極意〜合奏はちょっとずつたし算〜

T：どの楽器で、どのパートを演奏したいか、自分なりの理由が言えますか？

❹ グループ合奏に挑戦〜6〜7人編成で〜

　それぞれのパートにふさわしい楽器を選び、全体の響きやバランスに気をつけてグループ合奏を楽しむ。互いに聴き合い、楽器編成や音量を調整する。

　鍵盤ハーモニカで主旋律が吹けるようになっているので、グループですぐに合わせることができる。

旋律づくり（創作）編

リコーダーより鍵盤ハーモニカが楽ちん

〜運指のストレスなしで、旋律づくりに集中できる〜

①教師対子どもで「ふし問答」をする。

　　　3つ打ちリズム　　♩♩♩♪　例：ラソラ∨

　　　7つ打ちリズム

　　　♩♩♩♩♩♩♩♪　　例：ラソミソラソラ∨

②子ども対子どもで「ふし問答」

③7つ打ちリズム（4分の4拍子で2小節分）

　　の旋律をつくる。

（中越正美）

器楽指導
リコーダーの指導

3年

♪ POINT! 音⇒表現⇒記号の順序で指導する。

ていねいな初期指導

❶ 「まね」から始まる ～自由の女神から「シ」へ～／5分

「まね」してできる

①～⑤を、やってみせてまねさせてできるようにする。

一連の動作を、拍の流れを切らずにテンポよく進める。

T：まねします。

①自由の女神
②かまえて～
③ゼロ
④イチ
⑤ルー

①自由の女神　②かまえて～　③ゼロ　④イチ　⑤ルー

運指は、指孔番号01（ゼロイチ）で教える。

タンギングは「ルー」が良い。

「シ」「ラ」「ソ」…と新出音を指導するごとに、自由の女神から一連の流れで行う。この後、まねぶきとふし問答へ進む。（自由の女神　飯田清美氏実践修正追試）

❷ まねぶきとふし問答 ～テンポよく進める～

教師対全体 または 教師対個人

①**まねぶき**　教師が吹いたふしをまねて吹く。

【例】 T：シシシV　　C：シシシV　　　T：シシシシV　C：シシシシV

　　　 T：シラシV　　C：シラシV　　　T：ララシV　　C：ラララシV

□1人ずつ・教師対個人□

②ふし問答　教師が吹いたふしに応えて、違うふしを吹く。

【例】T：シシシV　　　C：シシシV　　　　T：ラソラV　　　C：ソソラV

　　　T：ラソソラV　　　C：ララシシラV　　　　T：ソーラソソラV　　　C：ソソラソラV

❸ 音⇒表現⇒記号　～音が出たら、しめは記号で～

音⇒表現

　まねから始め、やってみせてまねさせて「シ」の

音が出るようになった。（以下、他の新出音も同様）

記号

　音、音名（階名）、音符、運指を結びつける。

音名

運指

音符

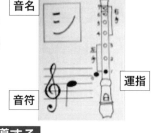

新曲指導

まねぶきが基本　音⇒表現⇒記号の順序で指導する

（1）リコーダー初心者向け　新曲指導／5分

　まねぶきを基本とする。

　ごく短いフレーズを吹いて聴かせ（音）まねさせて（表現）吹けるようになっ

たところを楽譜で確認（記号）する。

（2）わらべ歌「ほたるこい」（一部）指導例

ほたるこい歌詞　対応図
ほ、ほ、（シVシV）
（シラシV）
ほたるこい（シララシV）

音　T：♪シ　　（吹いて聴かせ）

　　C：♪シ　　（まねさせる）

表現　T：♪シVシV　　　C：♪シVシV

　　T：♪シラシV　　　C：♪シラシV

　　T：♪シララシV　　　C：♪シララシV

一音ずつ、音符を指差して確認。

記号　①吹けるようになったところを階名で歌う。

　　②楽譜で確認する。

（3）記号のステップ

←五線ボード

　階名で歌ったり楽譜で確認したりすることで、旋律と楽譜がつながる。

　五線ボードと併せて活用することで、読譜・記譜につなぐことができる。

（4）難しい部分の扱い

「♪あっちの水は苦いぞ、こっちの水は甘いぞ」の部分は、運指が難しい。歌っ

たり鍵盤ハーモニカで吹いたりなどして対応する。　　　　　　　　（中越正美）

器楽指導
「山のポルカ」
2年

POINT! まねぶきから読譜指導へつなぐ。

まず歌い、まねぶきし、音感覚を育てることから始める

コマ❶ 曲を歌う

曲を聴き、お手合わせをしたり歌ったりする。

T：「山のポルカ」を歌いましょう。

♪やまの〜

コマ❷ まねぶき

教師の音を聴く「音」

→教師のふしをまねする「表現」

　鍵盤指導は、1時間に1か所に限定し指導する。そうすることで、全員が確実に吹け、成功体験をし、自信をつけさせることができる。

　子供の実態や教材に応じて、スモールステップで指導を行うことがポイント。

時間	指導計画（@5分×8コマ）
1	鍵盤①（ソソラシド）
2	鍵盤②（シシラシシラソソラシド）
3	鍵盤③（ソソミララソソソファミファ）
4	鍵盤④（ソドシラソ）
5	鍵盤⑤（シシラシシラソドシラソ）
6	鍵盤⑥全部
7	合奏
8	合奏

①教師のふしをまねする

T：先生のまねをします。吹けたら座りましょう。

　　♪ソソラシドV

②ミニテスト

T：吹けたら、先生のところへ聞かせにきます。

ソソラシドV

ソソラシドV

③ミニ先生システム

早く合格した子供は、ミニ先生になり、他の子供のミニテストをする。

一本指でもよいから、吹けていれば合格。まずは、「吹けた！」と成功体験を与えることが大切である。

合格した子供には、教科書を開かせ、「指使い」に気をつけながら練習させる。

そうかぁ！

ミニ先生が聞いてくれるよ。

吹けるようになった人。どうぞ。

ソソラシド∨どうぞ。

合格！

ミニ先生

コマ❸ 読譜指導

鍵盤で吹いた音を、階名唱させる。（記号化）

①階名唱をする

T：鍵盤で吹いた部分を階名唱で歌います。

ぼくも聞いてもらおう。

♪ソソラシド∨

②音の高低を意識させ、階名唱する

右記のプリントを掲示し、指を指しながら、階名唱を行う。

♪ソソラシド∨

↑	ド
たかい	シ
	ラ
	ソ
	ファ
	ミ
ひくい	レ
↓	ド

五線ボードを活用し、読譜指導を行ってもよい。

（吉川たえ）

聴いて感じて反応する鑑賞指導
「音を聴く→表現→記号」のステップで教える 全学年

 音は脳幹・大脳辺縁系を通り、脳全体に「快」を広める。

脳科学から証明されている

音は直接脳幹・大脳辺縁系に入り、作用する。

まず音を聴き、わくわく感を持たせることからスタートする。「音→表現→記号」で音を聴き歌い、身体で表現し、最後に音符や知識で確認する。

このステップを踏めば、子どもは音楽から離れない。

```
音は脳幹から入り        A
脳全体を刺激する        10
   ↓                   神
大脳辺縁系が            経
満足し、ドーパミンを分泌  群
   ↓                   報
側坐核(大脳辺縁系)      酬
快感・楽しい・おもしろい  系
快感のホルモンを放出     ネ
   ↓                   ッ
大脳皮質・前頭前野        ト
快感で満たされる         ワ
                       ー
                       ク
                       音
                       楽
```

❶ ♪ラデツキー行進曲

音 T：先生のまねをします。

音楽に合わせて指揮や手拍子をします。

楽しそう!
身体動かせるんだ。
じっとしてなくて
いいんだよね。

表 「手拍子」の次に「一拍ぶり」の指揮で拍感を意識させよう。

途中から手拍子にして音の強弱も真似させる。

記 T：手拍子を大きく叩いたり、小さく叩いたり上手にできましたね。

❷ ♪「たまごのからをつけたひなどりのバレエ」

音 T：音楽を聴きます。

出てくるのは大きい動物ですか。

小さい動物ですか。

……何かなあ?
小さい動物かも。

表 T：みんなはひよこです。ひよこだから、小さいです。たまごから
生まれたばかり、殻がまだついています。音楽にあわせて踊ります。

記 T：Aさんに踊ってもらいます。どこがよかったですか?

自分の感じたことを発表するのには勇気がいる。「感じたことを素直に言える」教室環境を保障し、感想を認め激励することが欠かせない。

❸ ♪「出発」

音 T：音楽を聴きます。

曲に出てくる乗り物は何ですか。

> 先生、
> わかりました！

表 T：汽車が出発します。みんなの手は、大きな車輪です。

さあ、手を動かして！

> 具体物が出す音から、徐々に、「○○を表わしている音」に気づかせる。

記 T：途中、どんな景色が見えましたか。

駅に着いたときスピードはどうなりましたか。

❹ ♪「春の海」

音 T：「春の『　　』」。かっこに入る言葉は何ですか。

ヒントは音楽にあります。

よく聴きましょう。

> あれ？　お正月に
> 聴いた曲だ……。
> お琴かな？

表 T：答えは海です。

海は荒れているのですか？　穏やかなのですか？

お琴（エアー）を弾きながら考えます。

さあ、爪をはめて。

記 C：穏やかな海です。

ゆったりした感じがしました。

尺八が力強かったです。

> 高学年も同様に、
> 音→表現→記号で指導していく。

「何度聴ても楽しい！」鑑賞授業のために

音楽や曲の感じ方には個人差がある。仲の良い友だち同士でさえ、好みは違うことを普段からも伝えていく。「鑑賞」に関しては、正解や不正解はない。

互いの思いを尊重し、否定したり軽んじたりすることがないようにする。

（関根朋子）

聴いて感じて反応する鑑賞指導
「行進して」、「揺れて」、「曲の感じ」をつかもう 1・2年

 POINT! 「リズム・拍の流れ」

チャイコフスキー「くるみ割り人形」の「行進曲」を鑑賞する。

コマ❶ 楽器の音を取り出す

1回だけでなく複数回の授業で行う。

> パッパパパパ パッパッ……♪

先生が率先して、歌いながらトランペットを吹くまねをする。

T：「トランペットのまねっこ、じょうずな子がいるね」

> タッラタッラ……♪
> 今度はヴァイオリンだよ。

T：「どちらのメロディでもない時は、すわって聴こう」

> 2つのメロディを自分で聞き分けられなくても、先生やお友だちをまねているうちに
> わかってくるので心配いらない。「まねっこすればいいんだよ」と、安心させながら
> 進める。

> トランペットを吹きながら、
> 行進しよう！

> ヴァイオリンの時は、音楽に
> 合わせて身体を揺らすよ。

コマ❷ リズムに合わせて身体を動かす

T：うまく拍にのれない子は、手をつないで一緒に歩いたり、両手を取って一緒に揺れたりすると、できるようになっていきます。

音楽の雰囲気の違いを感じとったり、表現したりします。
この活動もまずは真似から。
先生とは違う表現ができている子がいたら「○○ちゃんの動きいいね。みんなでまねっこ！」とヴァリエーションを広げていくと楽しい。

コマ❸ 呼びかけ合う

こんにちは！

すてきな音だね。

かっこいいでしょう。

交互に現れる２つのメロディは、まるでおしゃべりしているみたい！
クラスを２つのチームに分けて、音楽で呼びかけあいをしてみよう。
別のメロディが現れた時、グループで動きや楽器を工夫するのも、楽しい活動になる。

コマ❹ 応用編

ジミー・ドッド作曲「ミッキーマウスマーチ」や、ペツォルト作曲「メヌエット」を鑑賞する。

行進する感じとゆれる感じ、どっちが似合っている音楽かな？

（山内桜子）

聴いて感じて反応する鑑賞指導
フレーズ・反復「エンターテイナー」 | 2年 |

 POINT! 体を動かすことでフレーズや反復を感じ取らせる。

　最も中心となる旋律は繰り返し現れる。簡単な動作をしたり、歌ったりする活動を行うと旋律が記憶に残りやすい。「反復」と教えなくても繰り返し現れることを子どもは自ら気づくようになる。フレーズの感覚は、動作を覚えた頃感覚的にわかるようになっている。

　このようにフレーズと反復を感じ取った後で用語と意味を教えればよい。

コマ❶ 音楽に合わせて動く

| 肩たたき・お手合わせをする。（32拍分） |

T： 先生の真似をします。

> この動きなら
> すぐにできるよ。

| 曲の構成「前奏・A・A′・B」に合わせて、音楽の流れに乗る準備をする。 |
〔A〕　1人で肩たたき32拍：（左右8・4・2・1）＋1＋休符
〔A′〕　2人組で（左右の代わりに方向転換）
〔B〕　2人組でお手合わせ8拍＋腕組みながら回転

| 音楽に合わせて体を動かす |

| 動作の変わるタイミングのみ指示を与え、余計な言葉を挟まない。 |

T：（前奏：音楽に合わせて体を揺らし、子どもたちに準備を促す。）

（A′で）　　　　　　　　　　　（Bで）

> 肩たたきで聴いた
> 旋律だね。

> 音が強くなったから
> 人数を増やしたいな。

コマ❷ 反復とフレーズを知る

反復を感じ取る

T：この音楽覚えているかな？（前奏部を再生する）

T：音楽に合わせて体を動かします。（前奏・Aを再生する）

T：肩たたきの旋律を歌ってみましょう。

T：音楽に合わせて歌います。（A'）。

真似します。
♪ルルルル……

（A'）
♪ルルルル……

すごいわねえ。練習していない所をどうして歌えたの？

だって、同じ旋律のくり返しだもの。

そうね!
もう一度同じ旋律が出てくることを「反復」と言います。

フレーズを知る

同じ旋律が反復した時、文章の「、」や「。」のように区切りを感じました。この区切りのことを「フレーズ」と言います。
フレーズには大きいものも小さいものもあります。肩たたきの部分でも同じような旋律がくり返し現れました。これも小さなフレーズです。

（丸山美香）

聴いて感じて反応する鑑賞指導
旋律・フレーズ

3年

 POINT 「ピタゴラスイッチ」「メヌエット」

聴いて、即反応！！「ピタゴラスイッチ」

> ピタゴラスイッチだ！
>
> ピタゴラスイッチ。

①知っている曲に反応

T：音楽を聴きます。曲名はなんですか。
　（冒頭を流す）

　3年生最初の鑑賞教材（教芸3年）。

　よく知っている曲だ。口々に曲名を発表する。集中して聴くことができる。

②歌ってみる

T：一緒に歌いましょう！

　歌なんて、あったっけ？ という顔をして子どもは聴く。

　しばしの静寂の後、最後に歌の部分が出てくる。

　教師はわざと大きな声で歌うが、多くの子どもは出遅れる。

　そこで、再度歌う。全曲通して2回聴くことになる。

③演奏されている楽器に注目

T：使われていた楽器は何ですか。

　答えは様々出る。

　3年生から始まるリコーダーの曲だ。

> 使われていた楽器は何ですか？
>
> 祭りの笛だよ。
>
> 聴いたことがあるけど……
>
> リコーダーって言う楽器よ。

④リコーダー以外に楽器に注目

T：途中から、楽器が増えます。
　　増えたと思ったところで手を挙げます。

　増えたタイミングで教師も挙手する。

T：3年生からリコーダーの勉強が始まります。

　きれいな音を出していきましょう。

聴いて、感じて、身体活動「メヌエット」（ベートーベン）

①動きの練習

T：まねするよ。

T：ひざ、お腹、ポン。ひざ、お腹、ポン……

①ひざ　②お腹　③ポン（拍手）

　やってみせてまねさせる。

　早くしたり遅くしたりして変化をつけて繰り返す。

②音楽に合わせて動く

T：音楽に合わせてやってみましょう。

　お腹、ポン、ひざ……の動きを音楽に合わせてやらせる。

どの曲でも使える 動きのバリエーション	3拍子の動き⇒ひざ、お腹、ポン 2拍子の動き⇒ひざ、ポン 4拍子の動き⇒足踏み、ひざ、お腹、ポン

③感じたことを言い合う

T：「メヌエット」に合わせて動きます。

　楽しい、ワクワクする、脳がそう感じ取ると大脳辺縁系が活性化する。

T：やってみて気付いたことは何ですか？

C：もう一回聴きたいです。

T：聴くのに集中したい人は動かずに聴いていてもいいです。

　じっと耳を澄ませる子、笑顔で動く子、それぞれが曲を聴くことに集中する。

C：同じ旋律が繰り返して出てきます。

C：途中で旋律が変わります。

④旋律の変化を確かめる

T：旋律が変わった瞬間に手を挙げましょう。

　旋律の変化を聴き取った瞬間、教師も一緒に手を挙げ「正解」と笑顔で頷く。

⑤どちらが好きかを決めて、理由を書く

T：繰り返しの旋律と変わった後の旋律、どちらが好きですか。理由
　も書きます。

　理由を書かせて発表。意見交流をさせる。

（髙橋賢治）

聴いて感じて反応する鑑賞指導
反復・呼びかけと答え・曲の仕組み 1〜4年

 POINT! 「行進曲」「メヌエット」「ファランドール」

音色や旋律を聞き分け、身体表現しながら曲の構成に気づく

呼びかけと答え
「行進曲」（くるみわり人形より）（チャイコフスキー）

T：①人形の兵隊さんがラッパを吹きます。聞こえたら手を挙げます。

②ラッパを吹くまねをします。

③ぜんまい人形がバイオリンを弾きます。
　聞こえたら手を挙げます。

④ぜんまい人形が動くまねをします。

⑤ラッパの兵隊かぜんまい人形、好きな方を選んで動きます。

出番が順番にくるね。
あ、そろそろだ。

曲の仕組み　A→B→A
「メヌエット」（ベートーベン）

T：①まねします。（手を波のように動かしながら）
　　　タ〜ララ〜ララ〜ララ〜ララ〜

②この旋律が出てきたら手を動かします。
　　♪タ〜ララ〜ララ〜ララ〜ララ〜

③曲の感じが変わったら、音楽に合う動きを考えます。
　　１２３、１２３、１２３

反復と重なり

「ファランドール」（ビゼー）曲の仕組み

> 1時間目「馬のダンス」を聞く（10分）
> 2時間目「王の行進」を聞く（10分）
> 3時間目「ファランドール」を聞く（15分）

「ファランドール」の鑑賞（3時間目）

　前回までに聞いた2つの曲を思い出した後、「ファランドール」の最初の「王の行進」の旋律の部分を聞く。

　その後「馬のダンス」の部分を聞く。

　後は続けて「王→馬」が3回繰り返されるところまで聞く。

（順にカードをはる）

①この曲は何ですか　②この曲は何ですか　③これは？　これは？　これは……

王の行進 ⇨ 馬のダンス ⇨ 王 ⇨ 馬 ⇨ 王 ⇨ 馬 ⇨ ？

Ｔ：④この続きはどうなると思いますか。

また「王の行進」になるよ。

次は逆転して「馬」だよ。

いや全然違うメロディになるのでは。

2つ重なるよ。

Ｔ：⑤では聴いてみましょう

　予想させ、期待を持たせたところで続きを聴くと、必ず「2つ重なっている！」と叫び、この曲が「王の行進」「馬のダンス」が繰り返して出てきた後、2つの旋律が重なってさらにエンディングのような旋律が出てきて終わることに気づく。

　最後に**「この曲のどの部分が好きですか。それはなぜですか」**と問い、感想を書かせる。

（飯田清美）

聴いて感じて反応する鑑賞指導
様子を思いうかべる

全学年

♪ POINT! 「卵の殻をつけたひなどりのおどり」「山の魔王の宮殿にて」
「ピンクパンサーのテーマ」

主人公になりきって、動作化し、音楽を楽しむ

① 「卵の殻をつけたひなどりのおどり」～「展覧会の絵」より

（ムソルグスキー作曲）

ひよこの様子を聴いて想像する

T：「卵の殻をつけたひなどりのおどり」という曲です。

生まれたばかりなので、頭に卵の殻を
つけています。

どんな様子でしょうか？

ピヨピヨ鳴いて
います。

おいかけっこして
いるみたいです。

おかあさんに
「こっちにおいで」
と言われています。

> **その後の指導の流れ～聴かせたい箇所を動作化し、回数を質問する**
> 「音」を根拠に様子を想像させる→「おいかけっこ」をしているような上行音階の
> ところで腕を前後に振らせる→「何回腕を振ったか」回数を聞く→曲全体をもう一
> 度聴く

② 「山の魔王の宮殿にて」～「ペールギュント」組曲より （グリーグ作曲）

教師の説明を聞く→動作化

説　明　T：主人公のペールは魔王の宮殿に迷い込んでしまいました。魔王の宝
　　　　　　物を盗んだペールは見つからないように逃げなければなりません。

動作化　T：先生がペールになって逃げます。みんなは魔王の手下です。
　　　　　　ペールは「だるまさんころんだ」のように時々後ろを振り向きます。
　　　　　　その時には、みんなは追いかけるのをやめて止まってね。

指導のポイント

①教室の隅に教師が立ち、そのあとを子どもたちに
　ついてこさせる。
②フレーズの切れ目に合わせて、教師は後ろを振り向く。
③教師に触ったり、抜かしたりしないよう、あらかじめ伝える。
※「止まる」動作が子どもたちのワクワク感を生む。

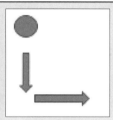

---

③「ピンクパンサーのテーマ」（マンシーニ作曲）

教師の説明を聞く→動作化

説　明　T：「ピンクパンサー」は宝石の名前です。みんなは泥棒。
　　　　　　うまく盗んだピンクパンサーを持って、警察に見つから
　　　　　　ないようにおうちまで帰ります。

動作化　T：先生は泥棒の親分です。みんなは子分。先生の後について
　　　　　　静かに逃げます。音を立てると見つかっちゃうからね。

指導のポイント

①「山の魔王の宮殿にて」と同じように、教室の隅に教師が立ち、そのあとを子
　どもたちについてこさせる。
②教師は壁際に沿ったり、低く腰をかがめたり、歩き方を変える。
③絶対に音を立てないように歩かせる。
④子どもたち同士でグループをつくり、歩き方を工夫させ、再度歩く。
※「泥棒」「音を立てない」という「非日常」状態がワクワク感を生む。

（川津知佳子）

聴いて感じて反応する鑑賞指導
速度・強弱

中学1年

POINT! 中学校の鑑賞曲。発問や比較鑑賞で聴くポイントを明確にする。

速度の変化

教材……「六段の調べ」八橋検校

拍を取りながら聴く（初段）

先生が叩くのを見ながら、生徒がまねをする。

T：腿を叩きながら聴きます。

そっと叩きます。

しばらく叩きながら聴く

> 拍を取りながら聴く。
> 速度感が見えるような叩き方をする。

T：ゆっくりな感じですか、速い感じですか。
　　どちらかに手を挙げます。

ゆっくりな感じ。

ポイント

・初段から二段、三段、四段、五段、六段と順に聴く。

・速度がどのように変化していくのかを聴き取る。

・段ごと全部聴かせる必要はなく、拍が取れる程度の長さで聴かせる。

・聴き取らせた後に「序破急」の説明をする。

説明　T：ゆっくりから始まり、だんだん速くなって、最後穏やかに
　　　　なって終わることを「序破急」といいます。

強弱の変化

教材……「魔王」シューベルト作曲

コマ❶ 様子を聴き取る（原語の音源）

どんな感じがするのか？

どんな天気か？

最後どうなるのか？

登場人物は何人いるのか？

発問することで様子をイメージさせていく。

> 発問して聴くポイントを提示し、比較
> して聴き取らせる。

ポイント

発問してから聴かせたり、聴かせた後に発問したりする。
部分を比較して聴かせることで違いがわかるようにする。

コマ❷ 歌い方の特徴を知る

お父さんグループ、子どもグループ、魔王グループに分かれ、
歌い方の違いを聴き取る。

T：歌ったり、説明したりして、聴き取ったことを発表します。

ポイント

部分を比較して聴けるように、音源をカットしておく。
強弱という表現方法、声色という表現方法、音の高さという表現方法に気づける
ようにする。

（豊田雅子）

聴いて感じて反応する鑑賞指導
聴くことを楽しむ

全学年

 気持ちではなく、ポイントを書く。聞き比べ。

どの学年にも使えて、様々な曲に応用可能な聞き比べの発問

どちらが好きか、それはなぜか

感想の書き方の型を示すとよい。

T：感想の書き方が分からない人はこの書き方で。

> 私は（ 好きな方 ）が好きです。
> わけは（ 音楽の要素 ）が（ どうである ）からです。
> まるで（ 想像したこと ）ようです。

❶ 曲想の違う２つの曲で聞き比べ

「白鳥」「堂々たるライオンの行進」

（サン＝サーンス）

T：２つの曲を聞き比べます。

どちらが好きですか。それはなぜですか。

	白鳥	堂々たるライオンの行進
わけ	メロディがゆっくりで、ゆったりとした感じだから。チェロとピアノの音色がきれいだから。旋律が流れるようだから。	音が低くて力強いから。リズムが弾んではねているから。音が階段のように上がってまたさがるのが、せまってくるようだから。
まるで	森の中の湖に光が当たっているよう。白鳥が優雅に泳いでいるよう。	ライオンの王様が堂々と歩いているよう。後ろから獲物をねらっているよう。

❷ 音色の違いを聞き比べ

T：どちらが好きですか。それはなぜですか。

トランペット（トランペット吹きの休日）	⟷	ホルン（アレグロ）
フルート（メヌエット）	⟷	クラリネット（クラリネットポルカ）
チェロ（愛のあいさつ）	⟷	バイオリオン（愛のあいさつ）
弦楽合奏 （アイネクライネナハトムジーク）	⟷	吹奏楽（双頭の鷲の旗のもとに）
女声合唱（花）	⟷	男声合唱（箱根八里）

❸ 曲想の違うアの部分とイの部分がある曲の場合

T：どちらが好きですか。それはなぜですか。

メヌエット（ベートーベン）	威風堂々（エルガー）
かね（ビゼー）	チャールダッシュ（モンティ）

❹曲想の違う部分が3つ以上ある場合

T：どちらが好きですか。それはなぜですか。

ハンガリー舞曲第5番（ブラームス）	木星（ホルスト）
人形の夢とめざめ（オースティン）	
ファランドール（ビゼー）	国際急行列車（ブーエ）

❺ 花丸鑑賞でもう一度味わっていく

【花丸鑑賞】感想を発表した後、もう一度「たしか
め聴き」をし、友達の意見で「確かにそうだったな」
と共感したものをさらに発表する。共感された人
は「ありがとうございます」と言い、教師は共感を
受けた意見に花丸をつけていく。

たしかに□□は
○○でした！

（飯田清美）

音を探してあそぼう

 POINT! 身の回りにある「音」が音楽になる。

音は身の回りにもある（低学年）

T：目を閉じて。何の音が聞こえますか。

T：音を出すのは楽器だけではないのですね。

T：身の回りにあるもので音をつくります。

T：トレーにある材料を使って、音を出してみましょう。

T：「高い音と低い音」が見つかったら教えてね。

クーラーの音。
車の音が聞こえたよ。
人の声。風の音。

梱包用緩衝材	紙ヤスリ	パラフィン紙
スプーンフォーク	圧紙の棒	積木

身の回りにある物ならなんでもいいよ

スプーンとフォークをぶつけるとすごい音がしたよ。
紙ヤスリ同士をこすると、ガサガサ音がしたよ。

T：Aさん、どうやって音を出したのか、皆に教えてください。
　材料を組み合わせたり、ぶつけたり、こすったり、持ち方を変えたり、
　いろいろなやり方で音が出せるのですね。
　音に興味をもつようになると、授業で表現する音にも関心をもつようになる。

> 「高音と低音」と、違いがはっきりしているものを比較すると、音の違いが捉えやすくなる。「大きな音と小さな音」、「柔らかい音と硬い音」等についても、自分たちで見つけ出せるとよい。

参考：「Steam made simple」（HighScope Educational Research Foundation）

音はどうして鳴るのかな（高学年）

T：ストローで笛をつくります。
　　できた人から音を出します。
　　どうして音が鳴ったのでしょう。

10cm位に切ったストローの先端をはさみでカットし、先端を潰して音を出す。

T：それは、「共鳴」したからです。

先生、共鳴って何ですか。

T：吹いたときの振動により、空気の波が発生し、音を出しています。
　　本当はいくつもの音が鳴っているのだけれど、ストローが出す音
　　とストローの筒が共鳴した音だけが聞こえているのです。

 ピアノのふたを開け、ペダルを踏んで弦を開放する。その
状態で音を1つ鳴らすと、鳴らした音以外の音が聞こえてく
る。これが「倍音」で、共鳴の元となる。

T：下のものはどうやって音を出しますか。
　　どうして音はなるのですか。

ホースは、トランペットと同じ
吹き方にしたら音が鳴ったよ。

長い紙筒　　ゴムホース　　折った紙

ストローやゴムホースに
穴を開けてみたよ。

紙は2枚重ねた所に息を
当てると音が出たよ。

ホースに穴を開けて
ストローに穴を開けて

　音の出る仕組みを知ることで、「リコー
ダー」という楽器そのものにも関心が持
てるようになる。
　「STEAM」教育の一環として、合科的な
発想ができる人材育成も視野に入れたい。

（関根朋子）

音楽調べ学習はじめの一歩　5年

 POINT おすすめ検索サイトで調べることからスタート！

コマ❶ 世界の国々の音楽には、どんな曲があるか、教科書で確かめる

T：それぞれの国の人々が大切に伝えている音楽を確かめましょう。

> **声による世界の国々の音楽**
> ・ヨーデル（スイスなど）　・ケチャ（インドネシア）
> ・ホーミー（モンゴル）　　・ゴスペル（アメリカ合衆国）

コマ❷ タブレット端末で4つの音楽を検索する

T：音楽の種類を検索エンジンで検索します。
　　はじめに「ヨーデル」を検索しましょう。

YouTube だと演奏の様子も観ることができるね。

YouTube とウィキペディアが出てきたよ。

国によって声や音楽の雰囲気が違うね。
ぼくは「ケチャ」が好きだな。

> **教科書の曲を検索する**
> 説明を読むだけでなく、YouTube
> で音楽を聴くようにする。
> グループ活動も可。
> タブレット端末やパソコンがないと
> きは鑑賞CD・DVDを使用する。

コマ❸ 教科書の曲以外の世界の音楽をインターネットで調べる

「音楽しらべ隊」がおすすめ　（教育芸術社https://www.kyogei.co.jp/shirabe/）

T：音楽しらべ隊の世界の音楽の中を調べてみましょう。

T：調べたい国や音楽のページを検索しましょう。

T：見つけた音楽をYouTubeでも聴いてみましょう。

自由に検索する
大勢が同時に別の検索するときは、
ヘッドホンを使用する。

❹ 鑑賞や演奏を楽しむ

（1）検索した音楽を全員で鑑賞する。

（2）演奏したりリズム打ちをしたり歌ったりする。

参考資料
　体がすべて楽器です！ザ・ボイスパーカッション「ケチャ風お茶づけ」
　山田俊之 著
　「山男のヨーデル」スイス民謡：坂田寛夫作詞　若松正夫編曲
　「こげよマイケル」（教科書掲載曲）スピリチュアル　　　等

（前田周子）

交響楽団の演奏
〜かけがえのない体験を〜

5・6年

 POINT!　**本物に触れる75分間 〜聴く・共演する〜**

交響楽団の演奏を聴く

本物に触れる 〜かけがえのない体験を〜

1.交響楽団を学校へ招く

文化芸術による子供育成総合事業（文化庁）

巡回公演事業を利用する。http://www.kodomogeijutsu.go.jp/

文化庁が選定した文化芸術団体が、学校へ来て公演を行う。本格的な交響楽団の演奏を、学校に居ながらにして鑑賞する。いつもの体育館が、素晴らしい舞台に変わる様を体験することができる。費用は、かからない。

各校あてに、市町村教委より送られてくる募集要項に沿って応募する。当選すれば、応募した次年度に交響楽団の演奏会が実現する。

2.応募から本公演までの流れ

時期	内容
前年度秋	市町村教委より応募要項が送られてくる。
	応募要項に沿って記入、応募。
前年度末	当落通知。
実施年春	交響楽団と打ち合わせ。
それ以降	ワークショップ実施。
	本公演実施。

> 実施日は、希望を聞いてもらえるのね。ワークショップで事前指導があるのもいいわね。

3.ワークショップと本公演

①ワークショップ

本公演の前に行われる。交響楽団より複数名が学校を訪問し、本公演に関わる鑑賞指導や実技指導を行う。

②本公演

ワークショップの1か月後くらいに行われる。交響楽団の演奏を聴いたり、ワークショップで学んだことを生かして、交響楽団と共演したりする。

授業での活用例〜6年　オーケストラ〜

3曲聴いて、オーケストラの仕組みを知る

1.「歓喜」　組曲王宮の花火の音楽より（ヘンデル作曲）

　「歓喜」　曲の仕組み

1回目	2回目	3回目
弦楽器	管楽器	管と弦

管楽器と弦楽器による演奏。
オーケストラの演奏だ。

同じ旋律が、3回繰り返されています。

始まりは、弦楽器の演奏ね。

あっ!! 3回目は、管楽器と弦楽器で演奏している。

2回目は、ラッパの音から始まった!!

2.「威風堂々」第一番（エルガー作曲）

　弦楽器・管楽器・打楽器の音色をできる
だけたくさん聴き取りノートに書く。

　オーケストラで演奏されているかどうか、
その理由を考える。

オーケストラで演奏されていますか？
理由をノートに書きます。

3.「木星」（組曲惑星より ホルスト作曲）

　特徴的なホルンやティンパニの音色や、それぞれの音色を聴き取る。

交響楽団　本物を見て、聴いて、学ぶ

　ワークショップでは、楽器の実物を見せ、実際の音色を聴かせてくれる。

　交響楽団から配布されるパンフレットなどを参考にして、楽器の並び方や、
打楽器・金管楽器・木管楽器・弦楽器など交響楽団で使われる楽器について
予習しておくとより理解が深まる。

　本公演での演奏は、CDからでは得られない本物の感動がある。教科書掲載
の曲を演奏してくれる場合もある。

　ワークショップで学んだことをもとに行う、交響楽団との共演は子どもたち
の自尊感情を大いに高める効果がある。

（中越正美）

日本の音楽

①五音音階から 日本人の音楽のDNAを感じる 5・6年

 POINT! 地元の伝統芸能を守る仕組みづくり。

わらべうたで遊ぶ

T：「♪あんたがたどこさ」、「さ」で相手とお手合わせをします。
　　ペアを組んで！

日本の旋律になじむには、わらべうたが自然だ。

歌って遊べば、身体感覚もアップする。

T：「あんたがたどこさ」も「ラ」、「ド」、「レ」、「ミ」に
　　「ソ」を足した、五音音階でできています。

> 習ったね！

民謡と演歌を聴く

T：題名は何ですか。

> ソーラン節！
> 運動会で踊ったね。

> 民謡ですね！

T：「ヤーレンソーラン」の出だしを歌います。
　　今歌ったところを、鍵盤ハーモニカで吹いてみましょう。
　　「ソーラド」で始めます。

音を自分で探らせ、「音階」に関心を持たせる。

「ラドレミソ」の五音音階（民謡音階）でできていることに気付かせる。

T：「リンゴ追分」という歌を聴きます。
　　何というジャンルの曲ですか。

> 演歌ですね。

T：「リンゴ追分」の出だしを歌います。
　　今歌った所を、鍵盤ハーモニカで吹いてみましょう。
　　「♪ソーラー～」から始まります。

演歌もまた、五音音階でできている。

T：皆さんが聴いている曲にも5音音階でできている曲がたくさんあります。

　　調べてみましょう。

　J-POPにも、5音音階の曲は相当数見られる。

　自分たちが学校で習う「ドレミファソラシド」を基本とした音楽とは違う「音楽の世界」が存在することに気付かせたい。

声明を聴く

T：誰が歌っていますか。

　　お坊さんが歌っています。

　　「声明」と言います。

　　奈良時代の頃からある仏教音楽です。

　　「声明」もほとんどが五音音階でできています。

いい声の人ですね。演歌ですね。

音が中途半端に上がったり下がったりします。

ラシラシラシ……と同じ音を何回も繰り返して歌っています。

「声明」と「演歌」の中に共通点を見つける

T：「声明」には独特な歌い方があります。

　　いくつか歌い方を教えますから、それが演歌に使われていないか、調べます。

わかるかなあ？

　ユリ（隣り合う音を交互に揺らす歌い方）、口内アタリ（トリルのように音を廻す歌い方）、マワス、スカシ等、わかりやすい奏法を子どもに教える。「演歌」では、こういった奏法が多く使われている。

　こういった共通点を見つけながら、奈良時代から続いている「日本人の音楽DNA」の存在を感じてほしい。

（関根朋子）

②体験伝統芸能

 地元の伝統芸能を守る仕組みづくり。

郷土の音楽

　民謡、お囃子、太鼓、神楽等、全国各地に音楽があり、多くの場合、地元の郷土芸能と結びついている。

　中でも、「伝統芸能」と呼ばれるものは、地元の方の「強い願い」を伴っている。未来永劫、時代が移り変わろうと、受けつがれていってほしい、地元が活性化してほしい、といった願いだ。そのためには継承してくれる若者や、地域を大切にしようとする地元の人々が必要だ。

伝統芸能の継承 ～学校の役割～

　以前赴任した学校では、課内クラブに「地域のお囃子」が組み込まれていた。地元のお囃子指導者がクラブを指導した。しかし、クラブ参加者の確保が難しかった。そこで、年に3時間、総合の時間の中に組み入れ直した。興味を持った子は、地元クラブで継続指導を受けられる。

　伝統芸能を存続させるには、若い力＝子どもの力が必要だ。その鍵を握っているのは学校である。

　学校を卒業した子ども達が、将来地元に戻って来たくなるようなシステムを作りたい。教師が入れ替わろうと、地元を愛し、地元の伝統芸能が守られる仕組み作りである。

郷土に伝わる音楽を体験 ～龍の伝説～

T：この絵の龍は恐い顔をしています。
　　どうしてだと思いますか？

「日照りが続き、お米が育たない」、と思ったお百姓さんたちが妙案を考えました。「龍神さまを怒らせて、雨を降らせようと……」。

「龍」って動物いるの？

ケンカしたんじゃない？

地域の昔話や伝説から、昔の生活の様子が伺える。

地元の歴史に触れ、興味・関心を持たせることから

調べ学習ができる。

「踊りの仕草」「歌詞」一つ一つに意味がある

T：「福（の神様）よ、こっちへいらっしゃい！」

　　という意味を、この動きは表しているんですね。

　　「魔物が地面から出ないよう封じ込める」という動きもあります。

T：踊りと歌を、講師の先生に教えてもらいましょう。

♪豊年だ　満作だ
♪拝んで進上
♪王子の二百石〜　楽しい歌だね!

どういう意味なのかな?

歴史を調べたいわ。

お囃子に挑戦する

T：今日は、太鼓や笛にも挑戦します。

音を出すのが大変。
でも、何回も挑戦すると
音が出てくるのよ。

まず、和太鼓に挑戦させる。

「ドドンガドン」と拍に乗って口唱歌し、全員に挑戦させる。

　同様に、締太鼓「テンテケテンテンテン」にも挑戦する。

　ばちを多く用意すれば、1つの太鼓で同時に2〜3人演奏できる。

一通り、体験させた後、自分がやりたい活動
を選び、練習する。
最後は、音楽と歌と踊りを合わせて演奏する。

歌と踊り

（関根朋子）

①民謡なんか恐くない

3〜6年

POINT! 説明0。楽しく声を出しながら民謡の歌い方を体験させる。

「やきいも屋」「さおだけ屋」で導入

やきいも屋さんの声を
やってみましょう。
♪やぁ〜きいもぉ〜

♪やぁ〜き
いもぉ〜
いぃ〜し
やぁ〜き
いもぉ〜
おいも

身近な"やきいも屋""さおだけ屋"を真似することで、民謡の歌い方を楽しく体験させる。まずは教師がやってみせる。

　民謡の歌い方を専門的にやろうとするととても難しい。しかし、構える必要はない。「体験させる」というスタンスで臨むことで肩の力を抜く。
「やきいも屋さんの声をやってみましょう。やぁ〜きいもぉ〜　いぃ〜しやぁ〜きいもぉ〜　おいも」
　教師が堂々とやればやるほど、子どもは笑顔になる。そして、挑戦する。
「お客さんがたくさん買いたくなるやきいも屋さんは、誰かな。一人でもグループでもいいので、前に出てやってごらんなさい。」
　たっぷり息を吸い、息継ぎをしないで一節を歌う、体全体を使って響かせる、こぶしを効かせて歌う、そういった民謡の歌い方のポイントを説明なしで子どもは体験していく。
「今度はさおだけ屋さんに挑戦。たぁ〜けやぁ〜あ〜　さおだけぇ〜」
　やきいも屋と同じように前に出て挑戦する場を作り、楽しく体験させる。

民謡リスニング　何と歌っているか、歌詞を聴き取り、真似る

何と歌っていますか。まねしてみましょう。

　子どもにとってなじみの薄い民謡は、歌詞を聴き取るのが難しい。使われている言葉も普段、あまり聞かないものが多い。外国語のリスニングに近い。文字で読んでも意味がわかりづらい。よって、文字は使わず、聴いてまねる活動を繰り返すことで歌詞を理解させる。『会津磐梯山』は冒頭部が短く、何度か歌うと歌詞がわかるので、民謡の授業では必ず扱っている。

「民謡を聴きます。何と歌っていますか。」

　冒頭部だけを聴かせる。

「聴いた後、真似して歌ってごらんなさい。」

　子どもは、2回、3回と聴く間に微かに聴き取った言葉をもとに歌う。最後に何と歌っていたのか黒板に書き、全員で歌う。

民謡と「やきいも屋」との共通点から民謡の特徴を見つける

「『会津磐梯山』と『やぁ〜きいもぉ〜』の似ているところはどこですか。」

　歌い方を意識させ、民謡とやきいも屋の声を交互に歌わせる。

「どんなところが似ていますか。お隣さんと言い合ってごらんなさい。」

「ぁ〜と伸ばすところ」「歌う前にいっぱい息を吸うところ」など、子どもは見つけた共通点を次々発表する。

「他の民謡はどうでしょうか。"ぁ〜"や"ぉ〜"と伸ばしていると思ったら手をあげます。」

　教科書に掲載されている民謡の冒頭部だけを次々に聴かせていく。

「民謡の歌い方で同じところをできるだけたくさん見つけなさい。」

　再び民謡を次々聴かせた後、見つけたことを一人一つずつ黒板に書かせる。黒板に書かれたことを民謡の歌い方の特徴としてまとめ、授業を終わる。

（髙橋賢治）

②和楽器体験
～和太鼓を使って「おはやしづくり」～ 3～6年

 POINT! スモールステップで和太鼓体験。

口唱歌の練習

❶ 教師のまねをして太鼓のリズムを口唱歌

T：①まねします。
　　♪ドンドンドン
　　♪ドンドコドン

♪ドンドンドン

♪ドンドンドン

太鼓のリズム（口唱歌）の例

ドンドンドン　　　ドンドコドン
ドコドコドン　　　ドドンコドン
ドンカッカ　　　　ドンカカドン
（カは枠を打つ音）

❷ 太鼓のばちを打つ動作をつけて口唱歌

足を開いて腰を落とす

ぱちをにぎる

腕をまっすぐあげる

♪ドンドンドン、ドコドコドン

2．和太鼓を打つ

①本物の太鼓を打つ（全員同じリズムで）

②ペアで1つリズムを選んで打つ（2回続けて）

ペアでもう1つリズムを選んで2つつなげて打つ

リコーダーと合わせておはやしをつくる

❶ リコーダーで簡単おはやしメロディづくり

T：ラドレを使って4拍のふしをつくります。
　例をふきます。
　先生のまねをします。

> **ふしの例**
> ラドレ　レドラ　ラドラドラ
> ラッラドッドラ　ラドレドラ
> ドンカッカ　　　ドンカカドン

♪タンタンタンうんの拍に乗って演奏する

❷ 2チームに分かれて1対1で太鼓とリコーダーを合わせる

順番に自分の好きなリズムを打つよ。

さっき作ったふしを一人ずつ演奏するよ。

❸ 学習グループでおはやしをつくる

T: これまでの学習を生かしてグループでおはやしをつくります。

| 和太鼓 | ＋ | リコーダー | ＋ | 打楽器（鉦、すず、クラベスなど） |

（飯田清美）

③和楽器体験
～琴とアプリで「さくらさくら」～ 4～6年

 POINT! 実物に触れ、アプリを駆使し、活動の時間を十分確保する。

琴体験 ～実物に触れる～

❶ 楽器に触れる

弦を指で弾く。

T：①楽器を間に二人向かい合わせに座りなさい。
　　②弦を指で弾いてごらんなさい。

> ぼんやりした音だね。

> 弦を押さえたら音が変わるよ。

> 指が痛いね。

自由思考する場面を設定する
弦に自由に触れることにより、奏法と音色の関係に気づくことができる。
琴柱（ことじ）を勢いで倒したり、指を挟んだりして怪我しないよう、安全面に気をつける。

部品の名称・爪のつけ方・座り方を知る。

 T：①爪をつけて、もう一度
　　　　弦を弾いてごらんなさい。

> うわっ! 音が違う。

> 響きを残したり止めたりできるね。

子どもを活動させるためには、場所と時間と物を与えよ。
高価な楽器なので備品台数は限られる。近隣校と貸し借りすれば、1時間で使える琴の数が増える。すると活動に空白時間が生じない。また、琴のバーチャルアプリが入っているスマートフォンがあるので活用したい。琴のアプリはチューナー代わりになるので重宝する。

琴体験 〜一曲演奏する〜

❷「さくらさくら」の一部を演奏する

冒頭から４小節分を弦の番号で歌い、覚える（新曲指導参照）

> **歌いながらイメージトレーニングする**
> 　左のような写真や弦の番号を書いた紙や教科書を使い、番号を指しながら歌い、覚える。

♪七、七、八……

実物＋アプリで、空白の時間をなくす

Ｔ：２小節弾いたら交代。

> **実際に弾く**
> 番号歌いで覚えた子から順に演奏する。覚え難い子にはアプリで練習させれば音と番号が一致しやすい。

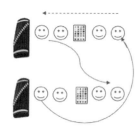

❸「さくらさくら」を合奏する

　前時に演奏しなかった部分を練習する。

Ｔ：①♪五、四、五、六……
　　②七、八、九から続けます。
　　手の位置が変わりますよ。

> **右手の位置を変える**
> 音の跳躍が大きいので、右手の位置を変える練習をする。

コーナー学習の要領で全曲演奏する

> **２小節単位のコーナーを作る**
> ２小節単位で場所移動すれば、待ち時間が短くなり、緊張感が増す。

Ｔ：全ての琴を順番に演奏します。

（丸山美香）

④和楽器体験
～三味線で「さくらさくら」～ 　中学

♪ POINT! ポイントを絞り、全員が成功体験を味わう和楽器の授業。

授業前に準備すること

1. 2人で一棹使えるように三味線を準備する。

2. 三味線の胴かけに「胴掛けゴム」を装着する。
　（右手が安定する）

3. 撥・指かけ・膝ゴムをセットにし、フリーザ
　ーバッグへ入れる。（右図）

4. 三味線を三下がりに調弦する。

基礎的基本的な奏法を身につける

1. 教科書を見ながら、三味線の各部の
　名称を確認する。
　＊初めに教えておくと、各部の名称を
　使って指示発問ができる。

2. 三味線を実際に持つ。

T：ここは？
S：糸巻！

T：ここは？
S：根緒！

②胴かけゴムの上に、
右の肘と手の真ん中→
を置きます。

①右腿の付け根に、
胴を載せます。

④そのままグッと左手を
顔の横へ持ってきます。
（糸巻が顔の横に来る）

③左手の親指と人差し指
の間に棹を置きます。
（指かけはつけない）

130

3.撥を使わずに弾く。

① 右手を右のような形にする。

（「アロハの手」と言うとわかりやすい）

② 手首を軸にして、ヒラヒラと手を振る。

③ 右手小指を皮に当て、②のように手を振り、弦を弾く。

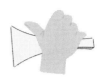

④ ペアと交代し、同じように確認する。

4.撥を使って弾く。

① 3.①の手の形を作る。

② 親指側から撥を差し込み、親指を撥の上へ乗せる。（目印にシールを貼っておくとわかりやすい。）

③ 小指を撥の下へ回し込み、人差し指・中指・薬指の3本で撥を握る。

④ 撥の角を胴のバチ皮に当てるようにして、糸を弾く。

⑤ ペアと交代し、同じように確認する。

5.指かけをつけて弾く。

① 左手を左のような形にする。

② 指かけの棹に当たる部分（右の{ で示したところ）を右手で持ち、左手の親指に指かけの筒部分をくぐらせる。

③ 指かけの輪っかの部分を人差し指にかける。

④ 左手を棹に沿って上下に動かしてみる。

⑤ ペアと交代し、同じように確認する。

「さくらさくら」を演奏する

① 左手の人差し指の先で「三の糸の②の勘所」を押さえる。
OKサインを作るように右手を構えると、押さえやすい。

② 「さくら」の「ら」で左手を押さえる。

③ 撥を持たずに、右手で三の糸を3回弾く。

④ ②と③を一度に行う。（「♪さくら」が演奏できる）

⑤ 「♪さくら」の楽譜の読み方を確認する。

⑥ 2人組で協力をし、「さくらさくら」の演奏を進める。 　　　　　（大鳥真由香）

⑤なんちゃって「越天楽」 3〜6年

 POINT! 10秒体験するだけでわかる雅楽の絶妙なタイミングと音色。

「越天楽」の最初の10秒を聴く

T：①この音楽を聞いたことがありますか。

　　②どこで？

あります！

親戚の結婚式。　　初詣のお宮さん。

T：③どんな楽器がでてきましたか

　　④雅楽の楽器を覚えましょう

　　⑤どんな順番でてきましたか

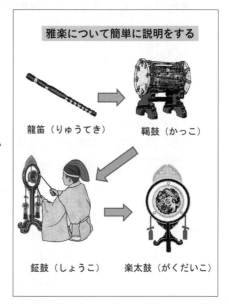

雅楽について簡単に説明をする

龍笛（りゅうてき）　　鞨鼓（かっこ）

鉦鼓（しょうこ）　　楽太鼓（がくだいこ）

T：⑥音楽に合わせて鞨鼓の部分を手で打ちます。

　　⑦次は鉦鼓。

　　⑧次に楽太鼓。

鉦鼓（しょうこ）　　楽太鼓（がくだいこ）

【龍笛の旋律】
レ～ミ～シ～　シ～ラ～シ～
が本物に近いが指使いが難しい場合は左の音でする方が簡単でよい。タンギングはせず音をつなげて吹くと雰囲気が出る。

龍笛の旋律はリコーダーで。
♪ド～レ～ラ～
ラ～ソ～ラ～

「越天楽」の最初の10秒を再現する

Ｔ：4人グループで「越天楽」を演奏します。

　　1人が1つ楽器を担当します。

　　5人のグループは龍笛（リコーダー）を2人にします。

リコーダーに合わせてやってみよう。

ならすタイミング、どこだっけ？

わたしは鉦鼓をしたい。

タイミングが難しいね。

雅楽器を音楽室の楽器で代替	
鞨鼓 →	カスタネット
鉦鼓 →	トライアングル
龍笛 →	リコーダー
楽太鼓 →	大太鼓

・練習は手拍子で行ってもよい。
・発表はなるべく音色の近い楽器を使う。
・練習中でも原曲を聞かせてよい。
・発表後に再度鑑賞し感想を言わせる。

たった10秒、されど10秒。実際にやってみることで雅楽の音色や微妙な間の取り方の美しさに気づくことができる。

（飯田清美）

◎執筆者一覧　※印は編者

関根朋子　　東京都公立小学校教諭　※
中越正美　　大阪府公立小学校元教諭　※
横崎剛志　　埼玉県公立小学校校長
山内桜子　　私立小学校教諭
小林千草　　福島県公立小学校教諭
小室亜紀子　埼玉県公立小学校教諭
前田周子　　神奈川県公立小学校元校長
吉川たえ　　埼玉県公立小学校教諭
豊田雅子　　埼玉県公立中学校教諭
飯田清美　　石川県公立小学校教諭
川津知佳子　千葉県公立小学校教諭
丸山美香　　奈良県公立小学校教諭
工藤唯　　　静岡県公立小学校教諭
鈴木恭子　　神奈川県公立小学校教諭
鈴木光世　　静岡県公立小学校教諭
溝端久輝子　兵庫県公立小学校教諭
髙橋賢治　　北海道公立小学校主幹教諭
大鳥真由香　兵庫県公立中学校教諭

◎監修者

谷　和樹（たに・かずき）

玉川大学教職大学院教授

◎編者

関根朋子（せきね・ともこ）

中越正美（なかごし・まさみ）

授業の腕が上がる新法則シリーズ
「音楽」授業の腕が上がる新法則

────────────────────────

2020年5月25日　初版発行

監　修　谷　和樹
編　集　関根朋子・中越正美
執　筆　「音楽」授業の腕が上がる新法則　執筆委員会

発行者　小島直人
発行所　株式会社学芸みらい社
　　　　〒162-0833　東京都新宿区箪笥町31箪笥町SKビル
　　　　電話番号 03-5227-1266
　　　　http://www.gakugeimirai.jp/
　　　　E-mail : info@gakugeimirai.jp
印刷所・製本所　藤原印刷株式会社
企　画　樋口雅子
校　正　境田稔信
装　丁　小沼孝至
本文組版　吉久隆志・古川美佐（エディプレッション）

授業の腕が上がる新法則シリーズ　全13巻

監修：谷 和樹（玉川大学教職大学院教授）

新指導要領対応！

新教科書による「新しい学び」時代、幕開け！
2020年度からの授業スタイルを「見える化」誌面で発信！

4大特徴

基礎単元＋新単元をカバー	授業アイデア＆スキル大集合
授業イメージ、一目で早わかり	新時代のデジタル認識力を鍛える

◆「国語」授業の腕が上がる新法則
村野 聡・長谷川博之・雨宮 久・田丸義明 編
978-4-909783-30-1 C3037　本体1700円（＋税）

◆「社会」授業の腕が上がる新法則
川原雅樹・桜木泰自 編
978-4-909783-32-5 C3037　本体1700円（＋税）

◆「算数」授業の腕が上がる新法則
木村重夫・林 健広・戸村隆之 編
978-4-909783-31-8 C3037　本体1700円（＋税）

◆「理科」授業の腕が上がる新法則※
小森栄治・千葉雄二・吉原尚寛 編
978-4-909783-33-2 C3037　本体2400円（＋税）

◆「生活科」授業の腕が上がる新法則※
勇 和代・原田朋哉 編
978-4-909783-41-7 C3037　本体2500円（＋税）

◆「音楽」授業の腕が上がる新法則
関根朋子・中越正美 編
978-4-909783-34-9 C3037　本体1700円（＋税）

◆「図画工作」授業の腕が上がる新法則
1～3年生編※
酒井臣吾・谷岡聡美 編
978-4-909783-35-6 C3037　本体2400円（＋税）

◆「図画工作」授業の腕が上がる新法則
4～6年生編※
酒井臣吾・上木信弘 編
978-4-909783-36-3 C3037　本体2400円（＋税）

◆「家庭科」授業の腕が上がる新法則
白石和子・川津知佳子 編
978-4-909783-40-0 C3037　本体1700円（＋税）

◆「体育」授業の腕が上がる新法則
村田正樹・桑原和彦 編
978-4-909783-37-0 C3037　本体1700円（＋税）

◆「道徳」授業の腕が上がる新法則
1～3年生編
河田孝文・堀田和秀 編
978-4-909783-38-7 C3037　本体1700円（＋税）

◆「道徳」授業の腕が上がる新法則
4～6年生編
河田孝文・堀田和秀 編
978-4-909783-39-4 C3037　本体1700円（＋税）

◆「プログラミング」授業の腕が上がる新法則
許 鍾萬 編
978-4-909783-42-4 C3037　本体1700円（＋税）

各巻A5判並製
※印はオールカラー

激動する社会の変化に対応する教育へのパラダイムシフト ── 谷 和樹

　PBIS（ポジティブな行動介入と支援）というシステムを取り入れているアメリカの学校では「本人の選択」という考え方が浸透しています。その時の子ども本人の心や体の状態によって、できることは違います。それを確認し、あくまでも本人にその時の行動を選ばせるという方法です。これと教科の指導とを同じに考えることはできないかも知れません。しかし、「本人の選択」を可能にする学習サービスが世界的に広がり、増え続けていることもまた事実です。

　また、写真、動画、Webページなど、全教科のあらゆる知識をデジタルメディアで読む機会の方が多くなっているのが今の社会です。そうした「デジタル読解力」について、今の学校のカリキュラムは十分に対応しているとは言えません。

　子どもたち「本人の選択」を保障する考え方、そして幅広い「デジタル読解力」を必須とする考え方を公教育の中で真剣に考える時代が到来しつつあります。

　本書ではこうしたニーズにできるだけ答えたいと思いました。

　本書の読者のみなさんの中から、そうした問題意識をもち、一緒に研究を進めていただける方がたくさん出てくださることを心から願っています。